中国农业统计资料

2012

中华人民共和国农业部　编

中国农业出版社

图书在版编目（CIP）数据

中国农业统计资料. 2012/中华人民共和国农业部编. —北京：中国农业出版社，2013. 9
ISBN 978-7-109-18418-3

Ⅰ.①中… Ⅱ.①中… Ⅲ.①农业统计-统计资料-中国-2012 Ⅳ.①F322-66

中国版本图书馆 CIP 数据核字（2013）第 234881 号

中国农业出版社出版
（北京市朝阳区农展馆北路 2 号）
（邮政编码：100125）
（电子信箱：njcbzx@agri.org.cn）
责任编辑 吴洪钟

中国农业出版社印刷厂印刷 新华书店北京发行所发行
2013 年 9 月第 1 版 2013 年 9 月北京第 1 次印刷

开本：720mm×960mm 1/16 印张：13
字数：350 千字 印数：1~1 500 册
定价：100.00 元

主　　编： 陈晓华

副 主 编： 张玉香　张合成

编　　委： 张兴旺　王衍亮　曾衍德　胡乐鸣
王宗礼　杨振海　叶长江　张天佐
赵兴武　贾广东

编辑人员： 李韶民　陈冬冬　郝先荣　项　宇
王家忠　辛国昌　李大鹏　胡玉玲
李增杰　李春艳　袁晓初　张伟民
李建珠　杨　唯　梁　勇　毕　涛

编 者 说 明

一、《中国农业统计资料》是一本反映我国农业农村经济的综合性统计资料工具书。为及时满足社会各界人士了解我国农业和农村经济发展情况的需要，《中国农业统计资料》收录了2012年度全国农村经济主要统计数据和种植业、畜牧业、饲料工业、渔业、乡镇企业、农垦、农机、农村能源、农村经营管理情况、农业自然灾害等资料，同时简要列出2000年以来的历史资料。

二、各类全国性数据未包括香港、澳门特别行政区和台湾省数据。

三、由于小数位调整而产生的数据计算差异未作机械调整。“…”表示数据不足本表最小单位数，“#”表示其中的主要项。

四、本书是系列图书，每年出版一本，公开发行。

目　　录

一、综合

全国农村基层组织和农业基本情况 …… 2
全国农村基础设施和农业主要物资消耗 …… 5
各地区农民人均纯收入 …… 6
各地区农林牧渔业总产值 …… 7
各地区粮、棉、油、糖播种面积占全国比重及位次 …… 8
各地区粮、棉、油、糖产量占全国比重及位次 …… 9
各地区肉、蛋、奶、水产品产量占全国比重及位次 …… 10
各地区人均主要农产品占有量 …… 11

二、种植业

全国主要农作物播种面积和产量增减情况 …… 13
各地区农作物总播种面积增减情况 …… 15
各地区粮食作物播种面积和产量 …… 16
各地区夏粮作物播种面积和产量 …… 17
各地区秋粮作物播种面积和产量 …… 18
各地区谷物播种面积和产量 …… 19
各地区稻谷播种面积和产量 …… 20
各地区早稻播种面积和产量 …… 21
各地区中稻和一季晚稻播种面积和产量 …… 22
各地区双季晚稻播种面积和产量 …… 23

各地区小麦播种面积和产量…………………………………………………… 24
各地区冬小麦播种面积和产量…………………………………………………… 25
各地区春小麦播种面积和产量…………………………………………………… 26
各地区玉米播种面积和产量…………………………………………………… 27
各地区谷子播种面积和产量…………………………………………………… 28
各地区高粱播种面积和产量…………………………………………………… 29
各地区其他谷物播种面积和产量…………………………………………………… 30
各地区大麦播种面积和产量…………………………………………………… 31
各地区豆类播种面积和产量…………………………………………………… 32
各地区大豆播种面积和产量…………………………………………………… 33
各地区绿豆播种面积和产量…………………………………………………… 34
各地区红小豆播种面积和产量…………………………………………………… 35
各地区薯类播种面积和产量…………………………………………………… 36
各地区马铃薯播种面积和产量…………………………………………………… 37
各地区油料作物播种面积和产量…………………………………………………… 38
各地区花生播种面积和产量…………………………………………………… 39
各地区油菜籽播种面积和产量…………………………………………………… 40
各地区芝麻播种面积和产量…………………………………………………… 41
各地区胡麻籽播种面积和产量…………………………………………………… 42
各地区向日葵籽播种面积和产量…………………………………………………… 43
各地区棉花播种面积和产量…………………………………………………… 44
各地区麻类播种面积和产量…………………………………………………… 45
各地区黄红麻播种面积和产量…………………………………………………… 46
各地区苎麻播种面积和产量…………………………………………………… 47
各地区大麻（线麻）播种面积和产量 ………………………………………… 48
各地区亚麻播种面积和产量…………………………………………………… 49
各地区糖料播种面积和产量…………………………………………………… 50
各地区甘蔗播种面积和产量…………………………………………………… 51
各地区甜菜播种面积和产量…………………………………………………… 52
各地区烟叶播种面积和产量…………………………………………………… 53

各地区烤烟播种面积和产量…………………………………………………………… 54
各地区蔬菜类播种面积和产量………………………………………………………… 55
各地区瓜果类播种面积和产量………………………………………………………… 56
各地区西瓜播种面积和产量…………………………………………………………… 57
各地区甜瓜播种面积和产量…………………………………………………………… 58
各地区草莓播种面积和产量…………………………………………………………… 59
各地区药材和其他作物播种面积……………………………………………………… 60
全国茶叶、水果产量和面积增减情况………………………………………………… 61
各地区茶叶产量和茶园面积…………………………………………………………… 63
各地区园林水果产量…………………………………………………………………… 65
各地区果园面积………………………………………………………………………… 68
全国热带、亚热带作物面积和产量…………………………………………………… 70
全国花卉产销情况……………………………………………………………………… 71
全国花卉保护地栽培情况……………………………………………………………… 71
全国花卉经营实体……………………………………………………………………… 72
全国主要花卉产销情况………………………………………………………………… 72

三、畜牧业

全国主要畜牧业生产情况……………………………………………………………… 74

四、饲料工业

各地区饲料加工生产情况……………………………………………………………… 76
各地区配合饲料生产情况……………………………………………………………… 77
各地区浓缩饲料生产情况……………………………………………………………… 78
各地区添加剂预混合饲料生产情况…………………………………………………… 79

五、渔业

各地区渔业乡、村及渔业人口………………………………………………………… 81
各地区渔业从业人员…………………………………………………………………… 82
沿海地区海洋渔业乡、村及渔业人口………………………………………………… 83

沿海地区海洋渔业从业人员 …… 83
全国水产品产量增减情况 …… 84
各地区水产品产量及增减情况 …… 85
各地区淡水捕捞产量 …… 87
各地区淡水养殖产量 …… 88
沿海地区海洋捕捞产量 …… 93
沿海地区海水养殖产量 …… 95
各地区水产养殖面积 …… 98
各地区淡水养殖面积 …… 99
沿海地区海水养殖面积 …… 100
全国水产苗种增减情况 …… 100
各地区水产品加工 …… 101
各地区渔船年末拥有量 …… 105

六、乡镇企业

全国乡镇企业主要经济指标表 …… 108
各地区乡镇企业单位数 …… 110
各地区乡镇企业从业人员 …… 112
各地区乡镇企业总产值 …… 114
各地区乡镇企业营业收入 …… 116
各地区年乡镇企业利润总额 …… 118
各地区乡镇企业上缴税金 …… 120
各地区乡镇企业劳动者报酬 …… 122
各地区乡镇规模农产品加工企业 …… 124
各地区乡镇企业个体工商户情况 …… 126
各地区乡镇企业外向型经济情况 …… 127

七、农垦

全国农垦生产建设综合情况 …… 130
各地区农垦基本情况 …… 133

各地区农垦生产总值 …… 135
各地区农垦工农业总产值 …… 136
各地区农垦出口商品金额 …… 137
全国农垦农作物播种面积和产量 …… 138
各地区农垦主要农作物播种面积和产量 …… 139
各地区农垦主要工业产品产量 …… 143
全国农垦畜牧业生产情况 …… 145
各地区农垦主要牲畜年末存栏情况 …… 146
各地区农垦渔业生产情况 …… 147
各地区农垦固定资产投资完成情况 …… 148

八、农机

全国主要农业机械情况 …… 150
全国主要农田机械化作业情况 …… 152
各地区农业机械总动力 …… 153
各地区农业机械年末拥有量 …… 154

九、农村能源

各地区农村能源管理推广机构情况 …… 162
各地区农村能源经费投入情况 …… 163
各地区户用沼气池情况 …… 165
各地区沼气工程情况 …… 166
各地区生活污水净化沼气池情况 …… 169
各地区省柴节煤灶及节能炕情况 …… 172
各地区节能炉及燃池情况 …… 173
各地区太阳能利用情况 …… 174
各地区秸秆能源利用情况 …… 176
各地区小型电源利用情况 …… 178

十、农村经营管理情况

全国农村土地承包经营及管理情况 …… 182
全国村集体经济组织收益情况 …… 183
全国村集体经济组织资产负债情况 …… 184
全国农民负担情况 …… 185

十一、农业自然灾害

各地区农业自然灾害情况 …… 187
各地区农作物病虫草鼠害发生、防治面积及损失情况 …… 189
各地区农作物病虫害发生、防治面积及损失情况 …… 191
各地区农田草害发生、防治面积及损失情况 …… 193
各地区农田鼠害发生、防治面积及损失情况 …… 195

一、综　合

全国农村基层组织和农业基本情况（一）

项　　目	单　位	2000 年	2005 年	2011 年	2012 年
农村基层组织					
乡镇个数	个	43 735	35 509	33 270	33 162
镇个数	个	19 692	18 888	19 683	19 881
村委会个数	个	743 715	640 139	589 874	588 407
乡村人口和从业人员					
乡村户数	万户	24 148. 5	25 222. 4	26 607. 0	26 802. 3
乡村人口数	万人	92 819. 7	94 907. 6	97 013. 7	97 065. 6
乡村从业人员数	万人	47 962. 5	50 387. 3	53 685. 4	54 264. 3
按性别分	万人				
男	万人	25 518. 1	26 930. 9	28 752. 1	29 062. 2
女	万人	22 444. 4	23 456. 6	24 933. 4	25 201. 1
按国民经济行业分	万人				
农业	万人	32 797. 6	29 975. 8	27 355. 4	27 034. 2
农民人均纯收入	**元**	**2 253. 4**	**3 254. 9**	**6 977. 3**	**7 916. 6**
耕地面积	**千公顷**				**121 716**
农作物总播种面积	**千公顷**	**156 423. 6**	**155 487. 2**	**162 283. 2**	**163 415. 7**
粮食作物	千公顷	108 462. 7	104 278. 5	110 573. 0	111 204. 6
谷物	千公顷	85 264. 1	81 874. 0	91 015. 8	92 612. 4
豆类	千公顷	12 660. 1	12 901. 5	10 651. 4	9 709. 4
薯类	千公顷	10 538. 5	9 503. 0	8 905. 8	8 885. 9
油料作物	千公顷	15 400. 4	14 318. 0	13 855. 1	13 929. 8
棉花	千公顷	4 041. 2	5 061. 9	5 037. 8	4 688. 1
麻类	千公顷	261. 9	334. 9	118. 3	101. 2
糖类	千公顷	1 514. 3	1 564. 5	1 947. 8	2 030. 4

注：耕地面积为 2008 年数据，来源于国土资源部。

全国农村基层组织和农业基本情况（二）

项　目	单　位	2000年	2005年	2011年	2012年
烟叶	千公顷	1 437.4	1 363.2	1 461.4	1 596.5
药材	千公顷	675.6	1 213.3	1 385.2	1 560.5
蔬菜（含菜用瓜）	千公顷	15 236.5	17 720.7	19 639.2	20 352.6
瓜果类	千公顷	2 044.7	2 207.8	2 389.3	2 408.2
其他作物	千公顷	7 349.1	7 424.4	5 876.2	5 543.7
茶园面积	**千公顷**	**1 089.1**	**1 352.1**	**2 112.5**	**2 279.9**
果园面积	**千公顷**	**8 931.8**	**10 035.2**	**11 830.6**	**12 139.9**
受灾面积	**千公顷**	**54 547**	**38 818.1**	**32 470.5**	**24 962.0**
成灾面积	**千公顷**	**34 298**	**19 966.1**	**12 441.3**	**11 475.0**
绝收面积	**千公顷**	**10 137**	**4 597.4**	**2 891.7**	**1 826.0**
农林牧渔业总产值	**亿元**	**24 915.8**	**39 450.9**	**81 303.9**	**89 453.0**
农业	亿元	13 873.6	19 613.4	41 988.6	46 940.5
林业	亿元	936.5	1 425.5	3 120.7	3 447.1
牧业	亿元	7 393.1	13 310.8	25 770.7	27 189.4
渔业	亿元	2 712.6	4 016.1	7 568.0	8 706.0
农林牧渔业增加值	**亿元**	**14 628.2**	**23 070.4**	**47 486.1**	**52 373.6**
农业	亿元	8 703.6	12 758.5	27 042.8	30 216.1
林业	亿元	662.3	975.5	2 089.2	2 281.3
牧业	亿元	3 638.5	6 506.9	12 431.4	13 128.4
渔业	亿元	1 623.8	2 327.2	4 590.0	5 266.9
主要农作物产量					
粮食作物	万吨	46 217.5	48 402.4	57 120.8	58 958.0
谷物	万吨	40 522.3	42 776.5	51 939.4	53 934.7
豆类	万吨	2 009.9	2 157.9	1 908.4	1 730.5
薯类（折粮）	万吨	3 685.4	3 468.0	3 273.0	3 292.8
油料	万吨	2 954.8	3 077.1	3 306.8	3 436.8
棉花	万吨	441.7	571.4	658.9	683.6
麻类	万吨	52.9	110.5	29.6	26.1
糖类	万吨	7 635.3	9 451.9	12 516.5	13 485.4
茶叶	万吨	68.3	93.5	162.3	179.0

全国农村基层组织和农业基本情况（三）

项　　目	单　位	2000 年	2005 年	2011 年	2012 年
园林水果	万吨	6 225.1	8 835.5	14 083.3	15 104.4
烟叶	万吨	255.2	268.3	313.2	340.7
蔬菜（含菜用瓜）	万吨	42 399.7	56 451.5	67 929.7	70 883.1
瓜果类	万吨	5 887.9	7 284.6	8 684.9	8 952.4
肉类产量	**万吨**	**6 125.4**	**7 743.1**	**7 957.8**	**8 387.2**
猪肉	万吨	4 031.4	5 010.6	5 053.1	5 342.7
牛肉	万吨	532.8	711.5	647.5	662.3
羊肉	万吨	274.0	435.5	393.1	401.0
禽肉	万吨	1 207.5	1 464.3	1 708.8	1 822.6
奶类	万吨	919.1	2 864.8	3 810.7	3 868.7
牛奶	万吨	827.4	2 753.4	3 657.8	3 743.6
蜂蜜	万吨	24.6	29.3	43.1	44.8
禽蛋	万吨	2 243.3	2 879.5	2 811.4	2 861.2
山羊毛	万吨	3.3	3.7	4.4	4.4
绵羊毛	万吨	29.3	39.3	39.3	40.0
蚕茧	万吨	54.8	78.0	91.6	90.6
水产品产量	**万吨**	**3 706.2**	**4 420.0**	**5 603.2**	**5 907.7**
海水产品	万吨			2 908.0	3 033.3
淡水产品	万吨			2 695.2	2 874.3
养殖产品	万吨			4 023.2	4 288.4
鱼类	万吨			2 281.8	2 437.0
甲壳类	万吨			329.2	359.3
贝类	万吨			1 179.6	1 234.3
藻类	万吨			160.9	177.3
其他类	万吨			71.8	80.6
捕捞产品	万吨			1 578.0	1 619.3
鱼类	万吨			1 022.2	1 039.4
甲壳类	万吨			241.5	255.1
贝类	万吨			87.1	84.4
藻类	万吨			2.7	2.6
头足类	万吨			69.5	69.9
其他类	万吨			42.1	45.6

注：水产品产量为调整后数据；2000 年、2005 年其他数据未列入。

全国农村基础设施和农业主要物资消耗

项　目	单　位	2000 年	2005 年	2011 年	2012 年
农村基础设施					
自来水受益村数	个		356 953	438 443	450 565
通汽车村数	个		617 609	594 583	594 066
通电话村数	个		606 549	593 647	592 687
乡村办水电站数	个	29 962	26 726	45 151	45 799
装机容量	万千瓦	698.5	1 099.5	6 212.3	6 568.6
发电量	亿千瓦时	205.0	348.4	1 756.7	2 172.9
农业机械拥有量					
农业机械总动力	万千瓦	52 316.8	68 549.3	97 734.7	102 559.0
大中型拖拉机	万台	97.0	139.6	440.6	485.2
大中型拖拉机动力	万千瓦	3 143.2	4 315.7	12 850.2	14 436.4
小型拖拉机	万台	1 276.7	1 539.8	1 815.2	1 797.2
小型拖拉机动力	万千瓦	11 783.9	14 796.2	17 455.6	17 467.4
大中型拖拉机配套农具	万部	139.9	226.7	699.0	763.5
小型拖拉机配套农具	万部	1 797.8	2 479.7	3 062.0	3 080.6
农用排灌动力机械	万台	1 483.4	1 752.7	2 284.1	2 280.6
农用排灌机械动力	万千瓦	10 262.1	11 770.9	14 486.5	14 724.0
联合收获机数量	万台	26.5	47.7	111.4	127.9
农用运输车数量	万台	779.5	1 199.4	1 381.5	1 396.2
农业主要能源及物资消耗					
农村用电量	亿千瓦时	2 421.3	4 375.7	7 139.6	7 532.2
农用柴油使用量	万吨	1 405.0	1 902.8	2 057.4	2 107.6
农用塑料薄膜使用量	万吨	133.5	176.2	229.5	238.3
地膜使用量	万吨	72.2	95.9	124.5	131.1
地膜覆盖面积	千公顷	10 624.8	13 518.4	19 790.5	17 582.5
农药使用量	万吨	128.0	146.0	178.7	180.6
农用化肥施用量（按折纯法计算）	万吨	4 146.3	4 766.2	5 704.2	5 838.8
氮肥	万吨	2 161.6	2 229.7	2 381.4	2 399.9
磷肥	万吨	690.5	743.8	819.2	828.6
钾肥	万吨	376.6	489.8	605.1	617.7
复合肥	万吨	917.7	1 303.6	1 895.1	1 990.0
农田水利建设					
有效灌溉面积	千公顷	53 820.5	55 029.4	61 681.6	63 036.4
旱涝保收面积	千公顷	38 336.4	40 236.7	43 383.4	43 848.7
机电排灌面积	千公顷	35 954.3	36 715.6	41 464.7	42 491.4

各地区农民人均纯收入

单位：元

地　　区	人均纯收入					2012年比2011年增加
	2000年	2005年	2007年	2011年	2012年	
全国人均	**2 253.4**	**3 254.9**	**4 140.4**	**6977.3**	**7916.6**	**939.3**
北　　京	4 604.6	7 346.3	9 439.6	14735.7	16475.7	1 740.0
天　　津	3 622.4	5 579.9	7 010.1	12321.2	14025.5	1 704.3
河　　北	2 478.9	3 481.6	4 293.4	7119.7	8081.4	961.7
山　　西	1 905.6	2 890.7	3 665.7	5601.4	6365.6	764.2
内 蒙 古	2 038.2	2 988.9	3 953.1	6641.6	7611.3	969.7
辽　　宁	2 355.6	3 690.2	4 773.4	8296.5	9383.7	1 087.2
吉　　林	2 022.5	3 264.0	4 191.3	7510.0	8598.2	1 088.3
黑 龙 江	2 148.2	3 221.3	4 132.3	7590.7	8603.9	1 013.2
上　　海	5 596.4	8 247.8	10 144.6	16053.8	17803.7	1 749.9
江　　苏	3 595.1	5 276.3	6 561.0	10805.0	12202.0	1 397.1
浙　　江	4 253.7	6 660.0	8 265.2	13070.7	14551.9	1 481.2
安　　徽	1 934.6	2 641.0	3 556.3	6232.2	7160.5	928.3
福　　建	3 230.5	4 450.4	5 467.1	8778.6	9967.2	1 188.7
江　　西	2 135.3	3 128.9	4 044.7	6891.6	7827.8	936.2
山　　东	2 659.2	3 930.5	4 985.3	8342.1	9446.5	1 104.4
河　　南	1 985.8	2 870.6	3 851.6	6604.0	7524.9	920.9
湖　　北	2 268.6	3 099.2	3 997.5	6897.9	7851.7	953.8
湖　　南	2 197.2	3 117.7	3 904.2	6567.1	7440.2	873.1
广　　东	3 654.5	4 690.5	5 624.0	9371.7	10542.8	1 171.1
广　　西	1 864.5	2 494.7	3 224.1	5231.3	6007.6	776.3
海　　南	2 182.3	3 004.0	3 791.4	6446.0	7408.0	962.0
重　　庆	1 892.4	2 809.3	3 509.3	6480.4	7383.3	902.9
四　　川	1 903.6	2 802.8	3 546.7	6128.6	7001.4	872.8
贵　　州	1 374.2	1 877.0	2 374.0	4145.4	4753.0	607.7
云　　南	1 478.6	2 041.8	2 634.1	4722.0	5416.5	694.5
西　　藏	1 330.8	2 077.9	2 788.2	4904.3	5719.4	815.1
陕　　西	1 443.9	2 052.6	2 644.7	5027.9	5762.5	734.6
甘　　肃	1 428.7	1 979.9	2 328.9	3909.4	4506.7	597.3
青　　海	1 490.5	2 151.5	2 683.8	4608.5	5364.4	755.9
宁　　夏	1 724.3	2 508.9	3 180.8	5410.0	6180.3	770.3
新　　疆	1 618.1	2 482.2	3 183.0	5442.2	6393.7	951.5

各地区农林牧渔业总产值

单位：亿元

地　区	总产值	农　业	林　业	牧　业	渔　业
全国总计	**89 453.0**	**46 940.5**	**3 447.1**	**27 189.4**	**8 706.0**
北　京	395.7	166.3	54.8	154.2	13.0
天　津	375.6	196.0	2.8	105.0	61.7
河　北	5 340.1	3 095.3	77.9	1 747.7	177.7
山　西	1 304.3	847.4	79.1	298.8	8.4
内蒙古	2 449.3	1 172.0	97.8	1 118.9	26.1
辽　宁	4 062.4	1 539.6	128.7	1 621.2	618.7
吉　林	2 502.0	1 166.6	98.1	1 130.4	34.1
黑龙江	3 952.3	2 315.6	134.5	1 350.7	77.9
上　海	321.7	171.5	9.5	72.6	57.5
江　苏	5 808.8	2 966.7	99.7	1 226.2	1 235.4
浙　江	2 658.7	1 229.4	142.1	549.0	687.0
安　徽	3 728.3	1 867.6	209.5	1 119.7	384.4
福　建	3 007.4	1 263.7	256.5	481.3	903.4
江　西	2 399.3	1 003.2	228.9	752.7	333.1
山　东	7 945.8	3 960.6	107.0	2 285.9	1 267.1
河　南	6 679.0	3 958.9	140.9	2 255.6	86.4
湖　北	4 732.1	2 488.1	100.1	1 334.0	626.2
湖　南	4 904.1	2 651.7	260.0	1 488.6	279.9
广　东	4 656.8	2 229.3	222.7	1 134.1	914.0
广　西	3 490.7	1 724.0	245.3	1 072.8	331.7
海　南	1 082.1	460.7	137.9	214.1	236.3
重　庆	1 402.0	841.8	43.5	453.9	45.0
四　川	5 433.1	2 764.9	151.5	2 269.9	163.8
贵　州	1 436.6	864.9	54.2	421.5	28.2
云　南	2 680.2	1 398.2	225.8	913.0	63.1
西　藏	118.3	53.4	2.6	59.0	0.2
陕　西	2 303.2	1 526.3	58.4	598.7	14.6
甘　肃	1 358.2	984.2	20.1	231.7	1.8
青　海	263.9	117.1	4.6	137.1	0.6
宁　夏	385.1	240.5	9.8	105.7	13.4
新　疆	2 275.7	1 675.0	43.0	485.4	15.3

注：农林牧渔业总产值按当年价格计算。

各地区粮、棉、油、糖播种面积占全国比重及位次

单位:%

地区	粮食		棉花		油料		糖料	
	比重	位次	比重	位次	比重	位次	比重	位次
全国总计	**100.00**		**100.00**		**100.00**		**100.00**	
北　京	0.17	29	0.01	23	0.03	30		
天　津	0.29	27	1.18	10	0.01	31		
河　北	5.67	6	12.33	3	3.26	11	0.70	11
山　西	2.96	14	0.80	13	1.05	23	0.42	15
内蒙古	5.03	7	0.02	20	5.49	7	2.15	7
辽　宁	2.89	15	0.01	21	2.70	12	0.09	22
吉　林	4.15	10	0.09	16	1.91	18	0.33	17
黑龙江	10.36	1			0.84	24	3.59	5
上　海	0.17	30	0.04	18	0.06	29	0.01	24
江　苏	4.80	8	3.64	8	3.79	10	0.08	23
浙　江	1.13	23	0.45	14	1.36	21	0.54	13
安　徽	5.95	4	6.50	5	6.06	5	0.26	18
福　建	1.08	24	0.00	25	0.82	25	0.46	14
江　西	3.31	13	1.81	9	5.34	8	0.68	12
山　东	6.48	3	14.72	2	5.71	6		
河　南	8.98	2	5.47	6	11.30	1	0.20	20
湖　北	3.76	12	10.09	4	10.78	2	0.38	16
湖　南	4.41	9	3.67	7	9.49	3	0.71	10
广　东	2.28	20			2.53	13	8.15	3
广　西	2.76	17	0.05	17	1.56	20	55.56	1
海　南	0.39	26			0.29	27	3.08	6
重　庆	2.03	21	0.00	24	1.95	17	0.17	21
四　川	5.82	5	0.31	15	8.97	4	0.74	9
贵　州	2.75	18	0.04	19	3.93	9	1.07	8
云　南	3.96	11	0.01	22	2.46	14	16.33	2
西　藏	0.15	31			0.17	28		
陕　西	2.81	16	1.03	11	2.17	16	0.00	25
甘　肃	2.55	19	1.03	12	2.42	15	0.25	19
青　海	0.25	28			1.18	22		
宁　夏	0.74	25			0.63	26		
新　疆	1.92	22	36.71	1	1.74	19	4.07	4

各地区粮、棉、油、糖产量占全国比重及位次

单位:%

地区	粮食		棉花		油料		糖料		每公顷产量位次			
	比重	位次	比重	位次	比重	位次	比重	位次	粮食	棉花	油料	糖料
全国总计	**100.00**		**100.00**		**100.00**		**100.00**					
北京	0.19	29	…	23	0.04	30			9	15	7	
天津	0.27	27	0.84	12	0.02	31			19	16	6	
河北	5.51	8	8.26	3	4.16	9	0.44	13	16	20	4	18
山西	2.16	17	0.69	13	0.57	25	0.30	15	29	13	31	15
内蒙古	4.29	10	0.02	19	4.22	8	1.25	7	25	8	25	22
辽宁	3.51	13	0.01	21	3.52	10	0.07	23	3	4	3	12
吉林	5.67	5	0.12	16	2.35	14	0.16	19	1	3	5	25
黑龙江	9.77	1			0.66	24	2.03	6	20		24	23
上海	0.21	28	0.06	17	0.05	29	0.01	24	2	2	19	7
江苏	5.72	4	3.23	8	4.28	7	0.07	22	4	12	8	10
浙江	1.31	23	0.44	14	1.11	21	0.52	10	6	10	21	6
安徽	5.58	7	4.30	5	6.63	5	0.15	20	21	21	10	21
福建	1.12	24	…	25	0.82	23	0.42	14	15	24	14	9
江西	3.54	12	2.23	9	3.41	11	0.46	11	11	5	29	16
山东	7.65	3	10.22	2	10.21	2	…	27	5	17	1	27
河南	9.56	2	3.76	6	16.57	1	0.20	17	12	19	2	4
湖北	4.14	11	7.98	4	9.30	3	0.23	16	10	14	18	20
湖南	5.10	9	3.67	7	6.05	6	0.55	9	7	9	30	13
广东	2.37	16			2.81	12	10.89	3	14		9	1
广西	2.52	15	0.03	18	1.59	19	58.06	1	22	18	13	3
海南	0.34	26			0.30	27	3.08	5	23		12	5
重庆	1.93	20	…	24	1.46	20	0.09	21	18	25	26	24
四川	5.62	6	0.19	15	8.37	4	0.46	12	17	22	16	19
贵州	1.83	22	0.02	20	2.54	13	0.95	8	31	23	28	11
云南	2.97	14	0.01	22	1.83	16	15.16	2	27	7	27	8
西藏	0.16	31			0.18	28			13		11	
陕西	2.11	19	0.98	11	1.76	17	…	25	26	11	22	26
甘肃	1.88	21	1.19	10	1.95	15	0.18	18	28	6	23	14
青海	0.17	30			1.02	22	…	28	30		17	
宁夏	0.64	25			0.52	26	…	26	24		20	17
新疆	2.16	18	51.78	1	1.72	18	4.28	4	8	1	15	2

各地区肉、蛋、奶、水产品产量占全国比重及位次

单位:%

地　区	肉		蛋		奶		水产品	
	比重	位次	比重	位次	比重	位次	比重	位次
全国总计	**100.00**		**100.00**		**100.00**		**100.00**	
北　京	0.51	27	0.53	24	1.68	13	0.11	27
天　津	0.55	26	0.65	23	1.76	12	0.62	18
河　北	5.28	6	11.97	3	12.38	3	1.97	14
山　西	0.92	25	2.61	12	2.09	10	0.07	28
内蒙古	2.93	15	1.90	13	24.06	1	0.22	23
辽　宁	4.99	7	9.78	4	3.37	8	8.10	6
吉　林	3.10	14	3.50	10	1.27	16	0.31	21
黑龙江	2.58	16	3.78	9	14.60	2	0.77	16
上　海	0.31	30	0.21	28	0.78	18	0.50	20
江　苏	4.73	11	6.89	5	1.58	14	8.36	5
浙　江	2.16	20	1.68	15	0.50	22	9.13	4
安　徽	4.74	10	4.29	8	0.62	21	3.51	11
福　建	2.39	18	0.89	20	0.40	24	10.64	3
江　西	3.71	13	1.60	16	0.33	26	4.01	9
山　东	9.11	1	14.05	2	7.60	5	14.25	1
河　南	8.08	2	14.13	1	8.54	4	1.21	15
湖　北	4.92	8	4.87	7	0.41	23	6.58	7
湖　南	6.14	4	3.33	11	0.22	28	3.75	10
广　东	5.28	5	1.11	18	0.36	25	13.36	2
广　西	4.90	9	0.76	22	0.24	27	5.14	8
海　南	0.95	24	0.13	29	0.01	31	2.92	12
重　庆	2.40	17	1.40	17	0.20	29	0.56	19
四　川	7.99	3	5.12	6	1.87	11	2.01	13
贵　州	2.27	19	0.51	26	0.13	30	0.23	22
云　南	4.16	12	0.77	21	1.50	15	0.68	17
西　藏	0.30	31	0.02	31	0.66	20	…	31
陕　西	1.28	22	1.81	14	4.89	6	0.18	26
甘　肃	1.05	23	0.51	25	1.00	17	0.02	29
青　海	0.36	28	0.07	30	0.76	19	0.01	30
宁　夏	0.32	29	0.22	27	2.68	9	0.21	24
新　疆	1.60	21	0.90	19	3.52	7	0.21	25

各地区人均主要农产品占有量

单位：千克

地　区	粮　食	棉　花	油　料	糖　料	肉	蛋	奶	水产品
全国人均	**436.5**	**5.1**	**25.6**	**99.8**	**62.1**	**21.2**	**28.6**	**43.7**
北　京	55.7	…	0.7		21.1	7.5	31.8	3.1
天　津	116.9	4.3	0.4		33.1	13.5	49.3	26.4
河　北	446.9	7.8	19.8	8.2	61.0	47.2	65.9	16.0
山　西	353.7	1.3	5.5	11.3	21.5	20.7	22.5	1.1
内蒙古	1 017.2	0.1	58.6	67.6	98.9	21.9	374.4	5.3
辽　宁	472.1	0.0	27.6	2.2	95.5	63.8	29.7	109.1
吉　林	1 215.7	0.3	29.4	7.6	94.5	36.5	17.9	6.6
黑龙江	1 502.7		5.9	71.2	56.4	28.2	147.4	11.8
上　海	51.8	0.2	0.7	0.4	10.9	2.5	12.8	12.6
江　苏	426.4	2.8	18.6	1.2	50.1	24.9	7.8	62.4
浙　江	140.7	0.5	7.0	12.8	33.1	8.8	3.5	98.6
安　徽	550.2	4.9	38.2	3.4	66.5	20.5	4.0	34.7
福　建	176.6	…	7.6	15.1	53.8	6.8	4.1	168.4
江　西	463.7	3.4	26.2	13.7	69.2	10.2	2.8	52.7
山　东	467.0	7.3	36.5	…	79.1	41.6	30.4	87.1
河　南	600.0	2.7	60.6	2.9	72.1	43.0	35.2	7.6
湖　北	423.3	9.5	55.7	5.4	71.5	24.2	2.7	67.4
湖　南	454.3	3.8	31.6	11.2	77.9	14.4	1.3	33.5
广　东	132.4		9.2	139.3	42.0	3.0	1.3	74.8
广　西	318.4	…	11.8	1678.9	88.1	4.7	2.0	65.2
海　南	226.2		11.9	471.6	90.2	4.1	0.3	195.8
重　庆	388.3	…	17.3	4.1	68.6	13.7	2.6	11.3
四　川	411.1	0.2	35.8	7.6	83.1	18.2	9.0	14.7
贵　州	310.5	…	25.2	36.8	54.7	4.2	1.5	3.9
云　南	376.6	…	13.6	440.0	75.1	4.8	12.5	8.6
西　藏	310.6		21.0		82.4	1.4	83.6	0.1
陕　西	332.2	1.8	16.1	…	28.6	13.8	50.4	2.8
甘　肃	431.6	3.2	26.2	9.6	34.2	5.7	15.0	0.5
青　海	177.9		62.3	…	53.4	3.5	51.4	0.8
宁　夏	582.9		28.4	…	41.2	9.6	160.9	19.2
新　疆	573.2	161.2	26.9	259.9	60.4	11.7	61.4	5.5

二、种 植 业

全国主要农作物播种面积和产量增减情况（一）

指　　标	播种面积（千公顷）	总产量（万吨）	每公顷产量（千克）	比上年增减绝对量		
				播种面积（千公顷）	总产量（万吨）	每公顷产量（千克）
农作物播种面积	**163 415.7**			**1 132.5**		
粮食作物	**111 204.6**	**58 958.0**	**5 302**	**631.6**	**1 837.1**	**136**
夏收粮食	27 589.1	12 993.7	4 710	31.5	355.1	123
秋收粮食	77 850.6	42 635.1	5 477	584.7	1 428.4	143
谷物	92 612.4	53 934.7	5 824	1 596.6	1 995.3	117
稻谷	30 137.1	20 423.6	6 777	80.1	323.5	90
早稻	5 764.9	3 329.1	5 775	15.4	53.7	78
中稻和一季晚稻	18 018.7	13 356.9	7 413	-81.7	48.7	60
双季晚稻	6 353.5	3 737.6	5 883	146.4	221.1	217
小麦	24 268.3	12 102.3	4 987	-2.1	362.2	150
冬小麦	22 513.7	11 437.1	5 080	-87.9	341.4	171
春小麦	1 754.6	665.2	3 791	85.8	20.8	-70
玉米	35 029.8	20 561.4	5 870	1 488.1	1 283.3	122
谷子	736.0	179.6	2 440	-9.4	22.8	337
高粱	623.2	255.6	4 101	122.9	50.5	1
其他谷物	1 814.9	412.3	2 272	-86.2	-47.0	-144
大麦	489.9	162.6	3 319	-21.7	-1.1	119
豆类	9 709.4	1 730.5	1 782	-941.9	-177.9	-9
大豆	7 171.7	1 305.0	1 820	-716.8	-143.6	-17
绿豆	694.4	86.7	1 248	-86.5	-8.6	29
红小豆	154.3	27.4	1 774	-2.3	2.3	172
薯类（折粮）	8 885.9	3 292.8	3 706	-19.9	19.7	30
马铃薯	5 531.9	1 855.2	3 354	107.9	89.4	98

全国主要农作物播种面积和产量增减情况（二）

指　　标	播种面积（千公顷）	总产量（万吨）	每公顷产　量（千克）	比上年增减绝对量		
				播种面积（千公顷）	总产量（万吨）	每公顷产　量（千克）
油料作物	**13 929.8**	**3 436.8**	**2 467**	**74.7**	**130.0**	**81**
花生	4 638.5	1 669.2	3 598	57.1	64.5	96
油菜籽	7 431.9	1 400.7	1 885	84.5	58.2	58
芝麻	437.0	63.9	1 463	-0.1	3.4	78
胡麻籽	317.9	39.1	1 229	-4.2	3.2	115
向日葵	888.5	232.3	2 614	-51.7	1.0	154
棉花	**4 688.1**	**683.6**	**1 458**	**-349.7**	**24.7**	**150**
麻类	**101.2**	**26.1**	**2 581**	**-17.1**	**-3.4**	**83**
黄红麻	17.6	6.8	3 899	-1.7	-0.7	3
苎麻	69.0	13.0	1 888	-15.0	-2.8	2
大麻（线麻）	5.3	1.5	2 752	-0.4	-0.1	-16
亚麻	6.9	3.8	5 524	0.8	-0.1	-949
糖料	**2 030.4**	**13 485.4**	**66 416**	**82.7**	**968.9**	**2 156**
甘蔗	1 794.7	12 311.4	68 600	73.4	867.9	2 115
甜菜	235.8	1 174.0	49 793	9.2	101.0	2 432
烟叶	**1 596.5**	**340.7**	**2 134**	**135.1**	**27.4**	**-10**
烤烟	1 480.5	312.6	2 112	129.5	25.7	-12
药材类	**1 560.5**			**175.2**		
蔬菜瓜果类	**22 760.8**	**79 835.5**	**35 076**	**732.4**	**3 220.9**	**296**
蔬菜类（含菜用瓜）	20 352.6	70 883.1	34 828	713.4	2 953.4	239
瓜果类（含果用瓜）	2 408.2	8 952.4	37 175	19.0	267.5	825
西瓜	1 801.5	7 071.3	39 251	-1.6	181.9	1 044
甜瓜	410.4	1 331.6	32 448	12.9	53.1	280
草莓	100.5	276.1	27 461	4.6	27.0	1 488
其他农作物	5 543.7			-332.4		
青饲料	2 060.8			-22.1		

各地区农作物总播种面积增减情况

单位：千公顷

地区	2012年	2011年	2012年比2011年增减	
			绝对量	%
全国总计	**163 415.7**	**162 283.2**	**1 132.5**	**0.70**
北京	282.7	302.6	-19.9	-6.57
天津	479.0	468.0	11.0	2.35
河北	8 781.8	8 773.7	8.1	0.09
山西	3 808.1	3 797.4	10.7	0.28
内蒙古	7 154.0	7 109.9	44.1	0.62
辽宁	4 210.6	4 145.7	64.9	1.57
吉林	5 315.1	5 222.3	92.8	1.78
黑龙江	12 237.0	12 222.9	14.1	0.12
上海	387.9	400.6	-12.7	-3.17
江苏	7 651.6	7 663.2	-11.7	-0.15
浙江	2 324.2	2 462.7	-138.5	-5.63
安徽	8 969.6	9 022.9	-53.3	-0.59
福建	2 263.1	2 285.8	-22.7	-0.99
江西	5 524.9	5 486.8	38.1	0.69
山东	10 867.0	10 865.4	1.5	0.01
河南	14 262.2	14 258.6	3.6	0.02
湖北	8 078.9	8 009.6	69.3	0.87
湖南	8 511.9	8 402.0	109.9	1.31
广东	4 629.6	4 572.0	57.6	1.26
广西	6 082.6	5 996.5	86.1	1.44
海南	854.6	838.3	16.3	1.94
重庆	3 477.7	3 413.1	64.6	1.89
四川	9 657.0	9 565.6	91.5	0.96
贵州	5 182.9	5 021.2	161.6	3.22
云南	6 920.4	6 667.5	252.9	3.79
西藏	244.0	241.4	2.5	1.05
陕西	4 238.3	4 181.0	57.3	1.37
甘肃	4 099.8	4 094.8	5.1	0.12
青海	554.2	547.7	6.5	1.18
宁夏	1 241.2	1 260.4	-19.2	-1.52
新疆	5 123.9	4 983.5	140.4	2.82

各地区粮食作物播种面积和产量

地　　区	播种面积（千公顷）	总产量（万吨）	每公顷产量（千克）	比上年增减		
				播种面积（千公顷）	总产量	
					绝对量（万吨）	%
全国总计	**111 204.6**	**58 958.0**	**5 302**	**631.6**	**1 837.1**	**3.22**
北　　京	193.9	113.8	5 868	-15.5	-8.0	-6.57
天　　津	322.9	161.8	5 009	12.1	-0.1	-0.04
河　　北	6 302.4	3 246.6	5 151	16.3	74.0	2.33
山　　西	3 291.5	1 274.1	3 871	3.7	81.1	6.80
内 蒙 古	5 589.4	2 528.5	4 524	27.9	141.0	5.91
辽　　宁	3 217.3	2 070.5	6 435	47.5	35.0	1.72
吉　　林	4 610.3	3 343.0	7 251	65.2	172.0	5.42
黑 龙 江	11 519.5	5 761.5	5 001	16.6	190.9	3.43
上　　海	187.6	122.4	6 524	1.3	0.4	0.36
江　　苏	5 336.6	3 372.5	6 320	17.4	64.7	1.96
浙　　江	1 251.6	769.8	6 151	-2.6	-11.8	-1.51
安　　徽	6 622.0	3 289.1	4 967	0.5	153.6	4.90
福　　建	1 201.1	659.3	5 489	-25.7	-13.5	-2.01
江　　西	3 675.9	2 084.8	5 671	25.9	32.0	1.56
山　　东	7 202.3	4 511.4	6 264	56.5	85.1	1.92
河　　南	9 985.2	5 638.6	5 647	125.3	96.1	1.73
湖　　北	4 180.1	2 441.8	5 842	58.0	53.3	2.23
湖　　南	4 908.0	3 006.5	6 126	28.5	67.2	2.28
广　　东	2 540.2	1 396.3	5 497	9.8	35.4	2.60
广　　西	3 069.1	1 484.9	4 838	-3.7	55.0	3.84
海　　南	438.6	199.5	4 548	8.0	11.5	6.09
重　　庆	2 259.6	1 138.5	5 039	0.2	11.6	1.03
四　　川	6 468.2	3 315.0	5 125	27.7	23.4	0.71
贵　　州	3 054.3	1 079.5	3 534	-1.3	202.6	23.10
云　　南	4 399.6	1 749.1	3 976	72.7	75.5	4.51
西　　藏	170.9	94.9	5 554	0.7	1.2	1.24
陕　　西	3 127.5	1 245.1	3 981	-7.3	50.4	4.22
甘　　肃	2 839.4	1 109.7	3 908	5.8	95.1	9.37
青　　海	280.2	101.5	3 623	0.8	-1.9	-1.80
宁　　夏	828.3	375.0	4 527	-24.1	16.1	4.47
新　　疆	2 131.2	1 273.0	5 973	83.7	48.3	3.94

各地区夏粮作物播种面积和产量

地区	播种面积（千公顷）	总产量（万吨）	每公顷产量（千克）	比上年增减		
				播种面积（千公顷）	总产量	
					绝对量（万吨）	%
全国总计	**27 589.1**	**12 993.7**	**4 710**	**31.5**	**355.1**	**2.81**
北　京	52.2	27.5	5 258	-5.9	-0.9	-3.31
天　津	113.1	55.8	4 929	0.9	1.6	2.88
河　北	2 444.7	1 353.1	5 535	13.1	63.0	4.88
山　西	709.0	261.1	3 682	-21.8	18.9	7.80
内蒙古						
辽　宁	63.8	30.9	4 843	-0.3	-12.8	-29.29
吉　林						
黑龙江						
上　海	73.7	29.0	3 934	3.2	0.7	2.36
江　苏	2 377.2	1 143.5	4 810	15.7	26.3	2.36
浙　江	177.9	62.5	3 512	-4.3	-2.3	-3.58
安　徽	2 458.6	1 301.5	5 294	32.9	80.3	6.58
福　建	88.6	34.3	3 870	0.2	0.4	1.22
江　西	61.9	9.2	1 483	0.7	0.3	3.26
山　东	3 626.9	2 179.9	6 010	31.4	75.2	3.57
河　南	5 366.7	3 186.0	5 937	13.3	54.5	1.74
湖　北	1 348.5	447.4	3 318	44.2	21.6	5.07
湖　南	187.9	57.5	3 060	-7.8	-1.0	-1.71
广　东	231.5	107.7	4 652	3.4	1.2	1.16
广　西	95.5	29.0	3 037	8.5	1.9	7.10
海　南	73.4	29.5	4 016	0.3	0.5	1.58
重　庆	515.5	154.2	2 991	-4.9	-2.1	-1.32
四　川	1 813.0	587.6	3 241	9.0	10.6	1.84
贵　州	989.8	222.0	2 242	17.2	11.5	5.48
云　南	1 171.2	243.5	2 079	13.3	-7.7	-3.07
西　藏						
陕　西	1 286.7	472.5	3 672	-27.9	17.4	3.82
甘　肃	965.3	323.8	3 354	-67.0	4.3	1.35
青　海						
宁　夏	201.3	64.9	3 224	-28.5	-0.6	-0.98
新　疆	1 095.2	580.0	5 296	-7.6	-7.7	-1.31

各地区秋粮作物播种面积和产量

地区	播种面积（千公顷）	总产量（万吨）	每公顷产量（千克）	比上年增减		
				播种面积（千公顷）	总产量	
					绝对量（万吨）	%
全国总计	**77 850.6**	**42 635.1**	**5 477**	**584.7**	**1 428.4**	**3.47**
北　京	141.7	86.3	6 094	-9.6	-7.1	-7.56
天　津	209.8	106.0	5 052	11.3	-1.6	-1.51
河　北	3 857.7	1 893.5	4 908	3.2	11.0	0.58
山　西	2 582.5	1 013.0	3 923	25.4	62.2	6.54
内蒙古	5 589.4	2 528.5	4 524	27.9	141.0	5.91
辽　宁	3 153.5	2 039.6	6 468	47.8	47.8	2.40
吉　林	4 610.3	3 343.0	7 251	65.2	172.0	5.42
黑龙江	11 519.5	5 761.5	5 001	16.6	190.9	3.43
上　海	113.9	93.4	8 199	-1.9	-0.2	-0.25
江　苏	2 959.4	2 229.0	7 532	1.7	38.4	1.75
浙　江	962.9	640.5	6 651	2.8	-8.0	-1.23
安　徽	3 925.9	1 855.6	4 727	-13.8	78.5	4.42
福　建	911.5	504.0	5 529	-22.8	-12.2	-2.36
江　西	2 224.5	1 275.4	5 733	19.8	17.1	1.36
山　东	3 575.5	2 331.5	6 521	25.1	9.9	0.43
河　南	4 618.5	2 452.6	5 310	111.9	41.6	1.73
湖　北	2 479.8	1 785.5	7 200	8.3	19.9	1.13
湖　南	3 295.5	2 130.3	6 464	6.9	55.9	2.69
广　东	1 372.9	754.3	5 494	-1.5	27.2	3.74
广　西	2 043.8	911.0	4 457	-0.7	38.6	4.42
海　南	221.8	93.6	4 221	4.6	8.4	9.90
重　庆	1 744.1	984.4	5 644	5.1	13.7	1.41
四　川	4 654.1	2 726.7	5 859	18.7	12.8	0.47
贵　州	2 064.5	857.5	4 154	-18.5	191.1	28.67
云　南	3 188.9	1 480.5	4 643	60.7	83.9	6.01
西　藏	170.9	94.9	5 554	0.7	1.2	1.24
陕　西	1 840.8	772.6	4 197	20.6	33.0	4.46
甘　肃	1 874.1	785.9	4 193	72.7	90.8	13.06
青　海	280.2	101.5	3 623	0.8	-1.9	-1.80
宁　夏	627.0	310.1	4 946	4.3	16.7	5.69
新　疆	1 036.0	693.0	6 689	91.3	56.0	8.79

各地区谷物播种面积和产量

地区	播种面积（千公顷）	总产量（万吨）	每公顷产量（千克）	比上年增减		
				播种面积（千公顷）	总产量	
					绝对量（万吨）	%
全国总计	**92 612.4**	**53 934.7**	**5 824**	**1 596.6**	**1 995.3**	**3.84**
北京	186.2	111.6	5 991	-14.5	-7.7	-6.48
天津	309.6	159.8	5 160	12.8	0.2	0.14
河北	5 863.4	3 102.7	5 292	27.2	70.4	2.32
山西	2 776.9	1 214.7	4 374	2.6	76.3	6.70
内蒙古	4 068.0	2 180.9	5 361	248.8	168.7	8.38
辽宁	2 995.4	1 986.5	6 632	52.1	53.0	2.74
吉林	4 161.6	3 221.7	7 742	184.6	206.5	6.85
黑龙江	8 510.1	5 147.9	6 049	644.2	289.7	5.96
上海	180.7	120.1	6 646	1.7	0.5	0.43
江苏	4 955.9	3 252.0	6 562	29.3	65.7	2.06
浙江	1 004.3	678.0	6 750	-28.6	-26.7	-3.78
安徽	5 498.3	3 123.3	5 680	13.3	149.2	5.02
福建	880.2	524.2	5 956	-14.8	-9.0	-1.68
江西	3 378.6	1 992.8	5 898	19.0	28.5	1.45
山东	6 793.7	4 285.8	6 308	54.8	90.8	2.17
河南	9 152.8	5 431.4	5 934	97.4	123.4	2.32
湖北	3 702.8	2 315.6	6 254	75.1	66.4	2.95
湖南	4 493.2	2 843.2	6 328	38.2	63.7	2.29
广东	2 129.4	1 208.8	5 677	7.8	30.3	2.57
广西	2 658.7	1 396.5	5 253	-7.1	63.3	4.75
海南	352.0	167.1	4 748	9.8	11.7	7.53
重庆	1 305.4	799.1	6 122	-11.0	…	…
四川	4 769.7	2 741.0	5 747	-17.4	-12.7	-0.46
贵州	1 829.1	820.1	4 484	…	204.5	33.21
云南	3 167.9	1 436.5	4 534	49.4	67.5	4.93
西藏	163.8	92.2	5 628	0.7	1.1	1.25
陕西	2 587.1	1 119.5	4 327	4.7	49.7	4.65
甘肃	1 963.1	837.1	4 264	6.2	86.2	11.48
青海	163.5	61.9	3 787	4.4	2.5	4.17
宁夏	576.6	328.1	5 690	-12.5	18.4	5.94
新疆	2 034.5	1 234.8	6 070	118.4	63.2	5.39

各地区稻谷播种面积和产量

地区	播种面积（千公顷）	总产量（万吨）	每公顷产量（千克）	比上年增减		
				播种面积（千公顷）	总产量	
					绝对量（万吨）	%
全国总计	**30 137.1**	**20 423.6**	**6 777**	**80.1**	**323.5**	**1.61**
北　京	0.2	0.1	6 444	…	…	-13.19
天　津	14.6	11.2	7 658	0.4	0.5	4.29
河　北	85.9	49.8	5 798	2.9	-10.4	-17.22
山　西	1.0	0.6	5 941	…	0.1	20.00
内蒙古	89.3	73.3	8 201	-0.6	-4.6	-5.93
辽　宁	661.8	507.8	7 673	2.2	2.7	0.53
吉　林	701.2	532.0	7 587	9.9	-91.5	-14.67
黑龙江	3 069.8	2 171.2	7 073	124.2	109.1	5.29
上　海	105.1	89.1	8 481	-1.0	0.3	0.28
江　苏	2 254.2	1 900.1	8 429	5.6	35.9	1.93
浙　江	832.6	608.3	7 306	-62.2	-40.8	-6.28
安　徽	2 215.1	1 393.5	6 291	-15.8	6.4	0.46
福　建	827.6	503.8	6 087	-17.7	-10.4	-2.02
江　西	3 328.3	1 976.0	5 937	10.6	25.9	1.33
山　东	123.9	103.4	8 346	-0.7	-0.6	-0.56
河　南	648.2	492.6	7 599	10.2	18.1	3.80
湖　北	2 017.9	1 651.4	8 184	-18.3	34.5	2.13
湖　南	4 095.1	2 631.6	6 426	28.8	56.2	2.18
广　东	1 949.4	1 126.6	5 779	8.5	29.7	2.70
广　西	2 057.6	1 142.0	5 550	-20.9	57.9	5.34
海　南	324.4	155.8	4 802	5.8	10.6	7.34
重　庆	687.0	498.0	7 249	0.5	4.5	0.91
四　川	1 997.8	1 536.1	7 689	-10.1	9.0	0.59
贵　州	683.0	402.4	5 893	1.5	98.5	32.41
云　南	1 082.9	644.6	5 953	9.4	-24.1	-3.60
西　藏	1.0	0.5	5 567	…	-0.1	-10.00
陕　西	123.3	87.4	7 082	2.4	2.8	3.37
甘　肃	5.6	3.9	7 020			
青　海						
宁　夏	84.3	71.3	8 458	0.4	0.5	0.76
新　疆	69.2	59.4	8 574	-1.4	-1.3	-2.11

各地区早稻播种面积和产量

地　区	播种面积（千公顷）	总产量（万吨）	每公顷产量（千克）	比上年增减		
				播种面积（千公顷）	总产量	
					绝对量（万吨）	%
全国总计	**5 764.9**	**3 329.1**	**5 775**	**15.4**	**53.7**	**1.64**
北　京						
天　津						
河　北						
山　西						
内蒙古						
辽　宁						
吉　林						
黑龙江						
上　海						
江　苏						
浙　江	110.7	66.8	6 037	-1.1	-1.5	-2.17
安　徽	237.5	132.0	5 557	-18.7	-5.2	-3.78
福　建	201.1	121.1	6 020	-3.0	-1.7	-1.39
江　西	1 389.5	800.2	5 759	5.3	14.6	1.86
山　东						
河　南						
湖　北	351.8	208.9	5 938	5.4	11.8	5.99
湖　南	1 424.7	818.7	5 746	29.4	12.3	1.53
广　东	935.7	534.3	5 710	7.9	7.0	1.32
广　西	929.8	544.9	5 860	-11.5	14.5	2.73
海　南	143.5	76.4	5 326	3.1	2.6	3.47
重　庆						
四　川	1.1	0.7	6 364			
贵　州						
云　南	39.5	25.1	6 353	-1.4	-0.7	-2.71
西　藏						
陕　西						
甘　肃						
青　海						
宁　夏						
新　疆						

各地区中稻和一季晚稻播种面积和产量

地区	播种面积（千公顷）	总产量（万吨）	每公顷产量（千克）	比上年增减		
				播种面积（千公顷）	总产量	
					绝对量（万吨）	%
全国总计	**18 018.7**	**13 356.9**	**7 413**	**-81.7**	**48.7**	**0.37**
北京	0.2	0.1	6 444	…	…	-13.19
天津	14.6	11.2	7 658	0.4	0.5	4.29
河北	85.9	49.8	5 798	2.9	-10.4	-17.22
山西	1.0	0.6	5 941	…	0.1	20.00
内蒙古	89.3	73.3	8 201	-0.6	-4.6	-5.93
辽宁	661.8	507.8	7 673	2.2	2.7	0.53
吉林	701.2	532.0	7 587	9.9	-91.5	-14.67
黑龙江	3 069.8	2 171.2	7 073	124.2	109.1	5.29
上海	105.1	89.1	8 481	-1.0	0.3	0.28
江苏	2 254.2	1 900.1	8 429	5.6	35.9	1.93
浙江	600.2	463.2	7 718	-39.9	-27.2	-5.55
安徽	1 714.3	1 123.5	6 554	12.1	10.2	0.91
福建	306.7	192.8	6 284	-146.5	-91.7	-32.23
江西	398.1	269.5	6 769	-3.4	3.2	1.20
山东	123.9	103.4	8 346	-0.7	-0.6	-0.56
河南	648.2	492.6	7 599	10.2	18.1	3.80
湖北	1 253.0	1 170.9	9 345	-28.6	1.1	0.10
湖南	1 183.4	858.1	7 251	-33.9	-6.3	-0.73
广东						
广西	148.6	87.4	5 882	-2.4	5.6	6.90
海南						
重庆	687.0	498.0	7 249	0.5	4.5	0.91
四川	1 996.1	1 535.0	7 690	-10.1	9.0	0.59
贵州	683.0	402.4	5 893	1.5	98.5	32.41
云南	1 009.8	602.5	5 966	9.0	-23.6	-3.77
西藏	1.0	0.5	5 567	…	-0.1	-10.00
陕西	123.3	87.4	7 082	2.4	2.8	3.37
甘肃	5.6	3.9	7 020			
青海						
宁夏	84.3	71.3	8 458	0.4	0.5	0.76
新疆	69.2	59.4	8 574	-1.4	-1.3	-2.11

各地区双季晚稻播种面积和产量

地区	播种面积（千公顷）	总产量（万吨）	每公顷产量（千克）	比上年增减		
				播种面积（千公顷）	总产量	
					绝对量（万吨）	%
全国总计	**6 353.5**	**3 737.6**	**5 883**	**146.4**	**221.1**	**6.29**
北京						
天津						
河北						
山西						
内蒙古						
辽宁						
吉林						
黑龙江						
上海						
江苏						
浙江	121.7	78.2	6 426	-21.2	-12.1	-13.37
安徽	263.2	138.0	5 242	-9.2	1.4	1.05
福建	319.8	190.0	5 940	131.8	83.0	77.65
江西	1 540.7	906.3	5 883	8.7	8.1	0.90
山东						
河南						
湖北	413.1	271.6	6 575	4.9	21.5	8.61
湖南	1 487.0	954.9	6 421	33.3	50.3	5.55
广东	1 013.7	592.2	5 842	0.6	22.7	3.98
广西	979.2	509.7	5 205	-7.1	37.8	8.00
海南	180.9	79.3	4 385	2.8	8.1	11.34
重庆						
四川	0.6	0.4	6 667			
贵州						
云南	33.6	17.0	5 067	1.7	0.3	1.55
西藏						
陕西						
甘肃						
青海						
宁夏						
新疆						

各地区小麦播种面积和产量

地　　区	播种面积（千公顷）	总产量（万吨）	每公顷产量（千克）	比上年增减		
				播种面积（千公顷）	总产量	
					绝对量（万吨）	%
全国总计	**24 268.3**	**12 102.3**	**4 987**	**-2.1**	**362.2**	**3.09**
北　　京	52.2	27.4	5 258	-5.9	-0.9	-3.32
天　　津	113.1	55.8	4 929	0.9	1.6	2.88
河　　北	2 410.0	1 337.7	5 551	13.9	61.6	4.83
山　　西	689.0	259.2	3 762	-21.2	18.9	7.86
内 蒙 古	609.6	188.4	3 091	41.7	17.5	10.23
辽　　宁	6.8	3.2	4 706	-0.1	-0.5	-13.51
吉　　林				-3.2	-1.3	-100.00
黑 龙 江	210.1	70.0	3 333	-87.7	-33.8	-32.54
上　　海	56.6	22.6	3 984	-3.2	-1.6	-6.43
江　　苏	2 132.6	1 048.8	4 918	20.1	25.6	2.50
浙　　江	74.5	27.1	3 638	1.9	0.1	0.30
安　　徽	2 415.5	1 294.0	5 357	32.5	78.3	6.44
福　　建	2.5	0.7	2 874	-0.3	-0.1	-9.66
江　　西	11.9	2.3	1 924	1.0	0.1	4.11
山　　东	3 625.9	2 179.5	6 011	32.3	75.6	3.59
河　　南	5 340.0	3 177.4	5 950	16.7	54.3	1.74
湖　　北	1 065.5	370.8	3 480	51.9	26.0	7.54
湖　　南	35.3	8.6	2 428	-5.2	-1.6	-16.08
广　　东	0.9	0.3	3 226	-0.1		
广　　西	1.5	0.2	1 333	…	…	-4.76
海　　南						
重　　庆	125.4	38.5	3 066	-13.0	-3.9	-9.29
四　　川	1 234.1	437.0	3 541	-25.2	1.0	0.23
贵　　州	259.8	52.4	2 017	2.1	2.0	3.99
云　　南	442.2	88.3	1 997	4.3	-10.6	-10.69
西　　藏	37.7	24.6	6 512	0.1	-0.3	-1.36
陕　　西	1 127.6	435.5	3 862	-9.1	24.6	5.99
甘　　肃	833.9	278.5	3 340	-27.7	31.0	12.53
青　　海	94.2	35.2	3 736	0.2	-0.2	-0.45
宁　　夏	179.0	62.0	3 464	-23.1	-1.0	-1.56
新　　疆	1 081.0	576.5	5 333	3.1	-0.1	-0.02

各地区冬小麦播种面积和产量

地区	播种面积（千公顷）	总产量（万吨）	每公顷产量（千克）	比上年增减		
				播种面积（千公顷）	总产量	
					绝对量（万吨）	%
全国总计	**22 513.7**	**11 437.1**	**5 080**	**-87.9**	**341.4**	**3.08**
北京	52.2	27.4	5 258	-5.9	-0.9	-3.28
天津	105.1	52.3	4 973	1.3	1.6	3.20
河北	2 404.4	1 336.7	5 559	12.0	62.5	4.90
山西	688.5	258.9	3 761	-21.2	18.9	7.86
内蒙古						
辽宁						
吉林						
黑龙江						
上海	56.6	22.6	3 984	-3.2	-1.6	-6.43
江苏	2 132.6	1 048.8	4 918	20.1	25.6	2.50
浙江	74.5	27.1	3 638	1.9	0.1	0.30
安徽	2 415.5	1 294.0	5 357	32.5	78.3	6.44
福建	2.5	0.7	2 874	-0.3	-0.1	-9.66
江西	11.5	2.2	1 937	0.6	…	1.37
山东	3 625.9	2 179.5	6 011	32.4	75.6	3.59
河南	5 340.0	3 177.4	5 950	16.7	54.3	1.74
湖北	1 065.5	370.8	3 480	51.9	26.0	7.54
湖南	35.3	8.6	2 428	-5.2	-1.6	-16.08
广东	0.9	0.3	3 226	-0.1		
广西	1.5	0.2	1 333	…	…	-4.76
海南						
重庆	125.4	38.5	3 066	-13.0	-3.9	-9.29
四川	1 225.4	434.8	3 548	-25.0	1.0	0.23
贵州	259.8	52.4	2 017	2.1	2.0	3.99
云南	442.2	88.3	1 997	4.3	-10.6	-10.69
西藏	28.3	18.4	6 517	0.4	-0.7	-3.86
陕西	1 127.6	435.5	3 862	-9.1	24.6	5.99
甘肃	576.9	179.6	3 113	-18.5	44.1	32.55
青海						
宁夏				-106.8	-20.9	-100.00
新疆	715.8	382.3	5 341	-56.0	-32.9	-7.92

各地区春小麦播种面积和产量

地区	播种面积（千公顷）	总产量（万吨）	每公顷产量（千克）	比上年增减		
				播种面积（千公顷）	总产量	
					绝对量（万吨）	%
全国总计	**1 754.6**	**665.2**	**3 791**	**85.8**	**20.8**	**3.23**
北　京	…	…	4 638			
天　津	8.0	3.5	4 357	-0.5	-0.1	-1.69
河　北	5.6	1.1	1 914	2.0	-0.8	-43.98
山　西	0.5	0.2	4 800	…	…	4.35
内蒙古	609.6	188.4	3 091	41.7	17.5	10.23
辽　宁	6.8	3.2	4 706	-0.1	-0.5	-13.51
吉　林				-3.2	-1.3	-100.00
黑龙江	210.1	70.0	3 333	-87.7	-33.8	-32.54
上　海						
江　苏						
浙　江						
安　徽						
福　建						
江　西	0.4	0.1	1 538	0.4	0.1	
山　东						
河　南						
湖　北						
湖　南						
广　东						
广　西						
海　南						
重　庆						
四　川	8.7	2.2	2 529	-0.2		
贵　州						
云　南						
西　藏	9.5	6.1	6 497	-0.2	0.4	6.97
陕　西						
甘　肃	257.0	98.9	3 848	-9.2	-13.1	-11.70
青　海	94.2	35.2	3 736	0.2	-0.2	-0.45
宁　夏	179.0	62.0	3 464	83.7	19.9	47.16
新　疆	365.3	194.2	5 317	59.1	32.8	20.30

各地区玉米播种面积和产量

地　　区	播种面积（千公顷）	总产量（万吨）	每公顷产量（千克）	比上年增减		
				播种面积（千公顷）	总产量	
					绝对量（万吨）	%
全国总计	**35 029.8**	**20 561.4**	**5 870**	**1 488.1**	**1 283.3**	**6.66**
北　　京	132.0	83.6	6 331	-8.5	-6.8	-7.48
天　　津	179.3	92.5	5 155	10.3	-1.9	-2.04
河　　北	3 049.1	1 649.5	5 410	13.4	9.9	0.60
山　　西	1 669.0	903.9	5 416	22.3	49.3	5.77
内 蒙 古	2 833.7	1 784.4	6 297	164.0	152.3	9.33
辽　　宁	2 206.7	1 423.5	6 451	72.1	63.2	4.65
吉　　林	3 284.3	2 578.8	7 852	150.1	239.8	10.25
黑 龙 江	5 190.6	2 887.9	5 564	603.2	212.2	7.93
上　　海	3.8	2.5	6 597	-0.4	-0.3	-9.35
江　　苏	418.9	230.2	5 495	4.6	4.0	1.78
浙　　江	62.0	29.1	4 701	31.0	14.5	99.66
安　　徽	822.5	427.5	5 197	3.7	64.9	17.91
福　　建	45.4	18.0	3 971	2.8	1.4	8.33
江　　西	28.1	12.6	4 485	2.4	2.1	19.92
山　　东	3 018.1	1 994.5	6 609	22.2	15.8	0.80
河　　南	3 100.0	1 747.8	5 638	75.0	51.3	3.02
湖　　北	593.3	282.6	4 762	43.7	6.4	2.30
湖　　南	342.0	197.3	5 768	14.9	8.8	4.64
广　　东	172.5	79.7	4 620	-0.6	0.8	0.96
广　　西	580.5	250.6	4 317	14.6	5.9	2.40
海　　南	27.5	11.3	4 121	4.0	1.0	10.11
重　　庆	468.4	256.3	5 471	1.5	-0.7	-0.29
四　　川	1 371.1	701.3	5 115	8.0	-0.3	-0.04
贵　　州	775.2	342.3	4 415	-12.6	98.5	40.43
云　　南	1 456.9	700.0	4 805	47.9	101.8	17.01
西　　藏	4.4	2.6	6 023	0.2	-0.1	-4.73
陕　　西	1 167.4	566.9	4 856	-10.4	16.2	2.94
甘　　肃	902.7	504.1	5 585	63.9	78.5	18.44
青　　海	22.9	17.0	7 411	2.5	1.8	11.92
宁　　夏	245.9	191.2	7 776	14.8	18.8	10.89
新　　疆	855.7	592.1	6 919	127.7	74.4	14.38

各地区谷子播种面积和产量

地区	播种面积（千公顷）	总产量（万吨）	每公顷产量（千克）	比上年增减		
				播种面积（千公顷）	总产量	
					绝对量（万吨）	%
全国总计	**736.0**	**179.6**	**2 440**	**-9.4**	**22.8**	**14.57**
北　　京	1.4	0.3	2 193	-0.1	…	-3.09
天　　津	0.6	0.1	1 455	0.5	0.1	300.00
河　　北	151.8	40.7	2 680	-12.7	-2.8	-6.46
山　　西	206.8	31.2	1 508	0.9	5.0	19.08
内 蒙 古	142.4	40.8	2 868	5.1	13.0	46.72
辽　　宁	52.0	16.5	3 173	-11.5	-5.6	-25.34
吉　　林	35.8	22.4	6 269	0.7	12.2	119.37
黑 龙 江	8.7	3.0	3 464	-1.5	-0.5	-12.93
上　　海						
江　　苏	…	…	1 485		…	-40.60
浙　　江						
安　　徽	0.1	…	4 000			
福　　建	0.1	…	3 178	…	…	4.59
江　　西	1.1	0.3	2 617	1.1	0.3	…
山　　东	18.7	5.9	3 145	0.9	0.1	1.03
河　　南	35.4	4.9	1 388	-0.5	-0.4	-7.36
湖　　北	…	…	6 667	…	…	-50.00
湖　　南						
广　　东	0.3	0.1	2 333		…	-12.50
广　　西	1.9	0.5	2 632	-0.8	-0.2	-26.47
海　　南						
重　　庆						
四　　川						
贵　　州	1.9	0.3	1 784	0.1	0.2	83.33
云　　南	0.3	…	1 379	…	…	33.33
西　　藏						
陕　　西	60.1	10.2	1 701	-2.6	-0.2	-2.20
甘　　肃	11.7	2.1	1 831			
青　　海						
宁　　夏	4.8			-0.4		
新　　疆	0.1			-0.2		

各地区高粱播种面积和产量

地区	播种面积（千公顷）	总产量（万吨）	每公顷产量（千克）	比上年增减		
				播种面积（千公顷）	总产量	
					绝对量（万吨）	%
全国总计	**623.2**	**255.6**	**4 101**	**122.9**	**50.5**	**24.60**
北　京	0.3	0.1	3 033	…	…	10.11
天　津	1.9	0.3	1 452	0.9	0.1	42.11
河　北	14.0	3.8	2 746	-0.3	-1.2	-24.01
山　西	28.7	6.2	2 160	-0.8	0.8	14.81
内蒙古	175.2	51.5	2 938	57.1	-9.4	-15.44
辽　宁	51.1	30.5	5 965	-7.8	-5.8	-15.98
吉　林	126.8	82.8	6 529	26.1	44.9	118.72
黑龙江	26.1	14.6	5 599	6.9	3.5	31.09
上　海						
江　苏	…	…	2 500	…	…	-25.00
浙　江						
安　徽	1.0	0.2	2 200		…	10.00
福　建	1.3	0.5	3 864	-0.2	-0.1	-15.33
江　西	5.1	0.6	1 213	3.8	0.1	29.17
山　东	4.8	1.6	3 292	0.2	…	1.94
河　南	2.6	0.2	853	-0.6	-0.1	-21.43
湖　北	2.4	1.1	4 726	-0.6	-0.3	-21.68
湖　南	2.9	1.3	4 403	0.3	0.2	17.27
广　东	0.1	…	4 444	…	…	33.33
广　西	2.6	0.7	2 692	0.3	…	4.48
海　南			1 736			
重　庆	17.7	5.1	2 880	1.8	0.5	9.77
四　川	65.4	28.4	4 350	14.6	10.6	59.83
贵　州	62.2	16.1	2 584	11.8	4.4	38.21
云　南	2.7	0.3	1 222	…	0.1	17.86
西　藏						
陕　西	8.0	2.7	3 338	-1.0	-0.3	-8.87
甘　肃	7.3	3.8	5 109	7.3	3.8	
青　海						
宁　夏	0.1					
新　疆	12.9	3.2	2 436	2.9	-1.5	-31.52

各地区其他谷物播种面积和产量

地　区	播种面积（千公顷）	总产量（万吨）	每公顷产量（千克）	比上年增减		
				播种面积（千公顷）	总产量	
					绝对量（万吨）	%
全国总计	**1 814.9**	**412.3**	**2 272**	**-86.2**	**-47.0**	**-10.24**
北　京	0.1	…	2 066	…	…	-25.43
天　津	0.2	…	1 250	…	…	-33.33
河　北	152.6	21.1	1 384	10.0	13.3	169.17
山　西	182.4	13.6	745	1.4	2.2	19.40
内蒙古	217.9	42.5	1 950	-18.6	…	-0.08
辽　宁	17.0	5.0	2 941	-2.8	-1.0	-16.67
吉　林	10.2	5.7	5 558	-2.2	2.4	71.14
黑龙江	4.9	1.1	2 248	-0.9	-0.8	-42.11
上　海	15.2	5.9	3 885	6.3	2.1	54.59
江　苏	150.2	73.0	4 860	-1.0	0.1	0.18
浙　江	35.3	13.5	3 818	0.6	-0.5	-3.65
安　徽	44.1	8.0	1 813	-7.2	-0.5	-5.61
福　建	3.3	1.2	3 513	0.6	0.2	20.49
江　西	4.2	1.1	2 542	0.1	…	2.91
山　东	2.4	0.9	3 750	-0.2	-0.1	-10.00
河　南	26.7	8.7	3 243	-3.3	0.2	1.76
湖　北	23.6	9.7	4 122	-1.6	…	-0.51
湖　南	17.9	4.5	2 508	-0.7	0.2	4.42
广　东	6.2	2.2	3 473	…	-0.1	-5.68
广　西	14.6	2.5	1 712	-0.2	-0.3	-11.66
海　南	0.1	…	3 266	…	…	171.53
重　庆	6.9	1.3	1 905	-1.8	-0.3	-19.40
四　川	101.3	38.2	3 767	-4.7	-33.0	-46.41
贵　州	47.2	6.6	1 400	-2.8	0.8	14.36
云　南	182.9	3.2	174	-12.3	0.3	10.80
西　藏	120.7	64.4	5 338	0.4	1.7	2.66
陕　西	100.7	16.8	1 669	25.4	6.5	63.68
甘　肃	201.9	44.7	2 214	-54.6	-33.1	-42.52
青　海	46.3	9.7	2 095	1.7	0.8	9.36
宁　夏	62.5	3.6	576	-4.1	0.4	13.92
新　疆	15.4	3.7	2 370	-13.7	-8.4	-69.68

各地区大麦播种面积和产量

地区	播种面积（千公顷）	总产量（万吨）	每公顷产量（千克）	比上年增减		
				播种面积（千公顷）	总产量	
					绝对量（万吨）	%
全国总计	**489.9**	**162.6**	**3 319**	**-21.7**	**-1.1**	**-0.69**
北京						
天津						
河北						
山西						
内蒙古	68.8	29.5	4 279	-5.3	7.8	36.00
辽宁						
吉林	0.1					
黑龙江			2 700			
上海	15.2	5.9	3 885	6.3	2.1	54.59
江苏	145.1	71.2	4 904	-1.0	…	-0.02
浙江	25.8	9.9	3 835	0.1	-0.7	-6.70
安徽	43.1	7.5	1 742	0.4	-1.0	-11.40
福建	0.7	0.2	2 911	…	…	2.44
江西	0.3	0.1	1 724	0.1	…	25.00
山东	1.0	0.4	4 000	-0.3	-0.1	-21.57
河南	26.7	8.7	3 243	-3.3	0.2	1.76
湖北	23.1	9.5	4 125	-1.4	-0.1	-0.93
湖南	1.3	0.3	2 462	-0.7	-0.1	-20.00
广东						
广西						
海南						
重庆	1.4	0.3	2 205	…	-0.1	-18.08
四川	34.0	11.0	3 235	3.6	-1.6	-12.70
贵州	3.3	0.7	2 192	-0.2	…	1.39
云南	81.6	2.4	289	-6.5	0.4	20.41
西藏						
陕西	4.0	1.6	4 025		0.4	33.06
甘肃						
青海						
宁夏						
新疆	14.1	3.5	2 449	-10.7	-7.6	-68.72

各地区豆类播种面积和产量

地区	播种面积（千公顷）	总产量（万吨）	每公顷产量（千克）	比上年增减		
				播种面积（千公顷）	总产量	
					绝对量（万吨）	%
全国总计	**9 709.4**	**1 730.5**	**1 782**	**-941.9**	**-177.9**	**-9.32**
北京	5.5	1.0	1 762	-0.8	-0.2	-17.84
天津	12.2	1.5	1 217	-0.6	-0.2	-13.87
河北	171.8	32.5	1 889	-7.6	-3.3	-9.18
山西	324.3	27.6	851	3.1	3.2	13.11
内蒙古	840.0	162.9	1 939	-182.5	-8.4	-4.92
辽宁	139.9	34.2	2 444	-3.5	-2.8	-7.57
吉林	370.0	52.6	1 421	-111.9	-48.7	-48.08
黑龙江	2 764.0	479.6	1 735	-622.7	-98.2	-16.99
上海	5.9	1.5	2 559	-0.3	…	-0.65
江苏	320.5	81.2	2 532	-12.7	-1.7	-2.00
浙江	138.5	36.6	2 646	14.1	5.0	15.91
安徽	960.3	120.5	1 255	-8.7	5.5	4.78
福建	81.9	20.8	2 534	1.3	0.8	4.13
江西	157.1	29.8	1 899	2.8	1.2	4.12
山东	163.6	39.9	2 436	-2.6	-3.4	-7.86
河南	520.5	84.6	1 625	14.6	-10.6	-11.13
湖北	177.7	32.2	1 813	-13.1	-7.3	-18.54
湖南	168.4	38.4	2 283	-2.9	-2.6	-6.36
广东	80.2	20.1	2 511	3.0	2.0	10.72
广西	154.5	23.6	1 528	-14.3	-5.3	-18.28
海南	8.4	2.4	2 812	-0.1	…	1.48
重庆	230.1	45.0	1 957	5.5	1.5	3.55
四川	477.2	93.6	1 961	36.1	-2.6	-2.70
贵州	305.8	23.6	772	-8.2	1.6	7.32
云南	572.5	129.7	2 265	-2.1	3.9	3.11
西藏	6.3	2.3	3 613	-0.1	-0.1	-2.98
陕西	223.4	43.1	1 930	-1.9	-1.5	-3.38
甘肃	191.3	33.1	1 729	-8.2	-1.7	-4.94
青海	33.1	7.1	2 148	0.7	…	0.57
宁夏	36.0	4.7	1 306	-2.9	…	-0.42
新疆	68.8	25.0	3 639	-15.5	-4.1	-14.02

各地区大豆播种面积和产量

地　　区	播种面积（千公顷）	总产量（万吨）	每公顷产量（千克）	比上年增减		
				播种面积（千公顷）	总产量	
					绝对量（万吨）	%
全国总计	**7 171.7**	**1 305.0**	**1 820**	**-716.8**	**-143.6**	**-9.91**
北　京	4.7	0.9	1 881	-0.7	-0.2	-17.87
天　津	11.8	1.4	1 216	-0.5	-0.3	-14.79
河　北	127.6	25.9	2 032	-8.5	-3.6	-12.16
山　西	199.7	18.2	912	1.6	2.0	12.07
内 蒙 古	616.7	122.0	1 978	-70.9	-15.3	-11.13
辽　宁	115.8	31.2	2 695	-4.4	-2.9	-8.50
吉　林	230.0	40.8	1 776	-74.9	-38.0	-48.17
黑 龙 江	2 663.8	463.4	1 740	-537.9	-77.9	-14.39
上　海	2.9	0.8	2 753	-0.6	-0.1	-14.13
江　苏	210.5	55.3	2 628	-9.3	-2.3	-3.99
浙　江	88.5	25.2	2 850	37.4	11.2	79.69
安　徽	876.7	113.0	1 289	-9.2	5.5	5.12
福　建	63.7	15.9	2 493	1.2	0.6	4.11
江　西	99.0	21.5	2 168	3.8	0.7	3.52
山　东	146.4	37.4	2 557	-9.8	-3.2	-7.79
河　南	460.5	78.1	1 697	14.8	-9.9	-11.26
湖　北	95.3	20.6	2 157	-6.3	-3.3	-13.87
湖　南	90.5	21.5	2 371	-1.8	-2.0	-8.68
广　东	62.0	15.3	2 460	2.3	1.8	13.12
广　西	94.4	15.3	1 621	-17.5	-4.8	-23.91
海　南	3.4	0.7	2 185	-0.2	-0.1	-16.70
重　庆	99.2	19.6	1 973	3.8	0.9	4.90
四　川	223.1	51.9	2 325	-1.9	3.9	8.06
贵　州	133.8	7.8	586	2.5	0.7	10.27
云　南	127.1	26.9	2 116	1.8	2.6	10.52
西　藏	0.2	0.1	3 000	…		
陕　西	166.8	36.0	2 159	-7.6	-1.7	-4.53
甘　肃	90.7	16.3	1 799	0.3	0.5	2.97
青　海						
宁　夏	11.9	0.5	420	-1.3	-2.7	-84.47
新　疆	55.2	21.6	3 902	-22.6	-5.6	-20.54

各地区绿豆播种面积和产量

地区	播种面积（千公顷）	总产量（万吨）	每公顷产量（千克）	比上年增减		
				播种面积（千公顷）	总产量	
					绝对量（万吨）	%
全国总计	**694.4**	**86.7**	**1 248**	**-86.5**	**-8.6**	**-8.99**
北京	0.2	…	962	…	…	-10.20
天津	0.3	…	1 000	…		0.00
河北	14.1	1.8	1 269	-1.0	-0.1	-2.72
山西	49.1	4.5	916	1.8	0.5	11.11
内蒙古	165.6	22.0	1 329	-35.9	-0.5	-2.28
辽宁	5.9	1.4	2 365	-0.3	-0.4	-22.22
吉林	121.4	10.7	878	-43.8	-10.6	-49.82
黑龙江	36.1	4.0	1 104	-4.2	-0.5	-10.56
上海						
江苏	3.9	0.9	2 385		…	0.58
浙江	6.5	1.2	1 834	0.8	0.2	16.67
安徽	68.5	6.2	905	2.0	3.8	159.41
福建	3.0	0.7	2 216	…	…	5.42
江西	9.6	1.7	1 745	0.6	0.6	49.11
山东	7.9	2.0	2 459	1.3	0.3	19.63
河南	55.3	6.0	1 087	1.0	-0.5	-8.17
湖北	17.6	2.5	1 429	-2.7	-0.6	-19.03
湖南	21.4	5.3	2 472	-1.0	-0.4	-7.19
广东	3.0	0.7	2 417	0.1	…	5.80
广西	15.9	2.2	1 398	-5.0	-1.0	-31.38
海南	0.5	0.1	2 137	0.1	…	67.02
重庆	21.5	4.0	1 852	0.8	0.3	7.64
四川	16.3	3.2	1 963	-1.0	0.2	6.67
贵州	6.8	0.8	1 228	1.3	0.4	95.35
云南	7.5	1.1	1 509	-0.1	-0.1	-7.38
西藏						
陕西	35.1	3.6	1 024	-2.3	-0.2	-5.77
甘肃	0.5	0.1	1 458	-0.1		
青海						
宁夏						
新疆	1.1					

各地区红小豆播种面积和产量

地区	播种面积（千公顷）	总产量（万吨）	每公顷产量（千克）	比上年增减		
				播种面积（千公顷）	总产量	
					绝对量（万吨）	%
全国总计	**154.3**	**27.4**	**1 774**	**-2.3**	**2.3**	**9.10**
北京	0.6	0.1	1 056	-0.1	…	-13.79
天津	0.1	…	1 250	…		…
河北	7.7	1.0	1 261	-0.1	…	-2.02
山西	8.1	1.0	1 217	…	0.1	13.95
内蒙古	19.9	4.0	2 021	-8.6	0.1	3.00
辽宁	4.9	1.0	2 002	1.4	0.3	38.90
吉林	9.8	1.1	1 109	0.1	-0.1	-12.02
黑龙江	36.1	8.2	2 258	1.8	0.4	5.24
上海						
江苏	9.3	2.2	2 388		…	-0.18
浙江	4.3	0.8	1 814	0.4	0.1	11.43
安徽	5.1	1.3	2 549		1.1	712.50
福建	1.3	0.3	2 132	…	…	2.17
江西	0.3	0.1	2 222	0.1	…	50.00
山东	1.6	0.4	2 375	0.4	0.1	35.71
河南	3.5	0.4	989	…	…	-10.26
湖北	3.7	0.2	535	-0.9	-0.4	-66.67
湖南	1.0	0.2	1 500			
广东	1.6	0.4	2 593	0.1	…	10.53
广西	0.3			…		
海南	0.9	0.2	2 738	0.2	0.1	64.65
重庆	2.8	0.5	1 801	0.1	…	0.90
四川	1.8	0.3	1 667	-1.5	-0.2	-40.00
贵州	4.1	0.3	833	-0.1	…	13.33
云南	8.6	1.2	1 414	-0.4	-0.2	-11.59
西藏						
陕西	12.3	1.7	1 378	5.0	0.7	70.00
甘肃	4.7	0.7	1 435		0.2	34.00
青海						
宁夏						
新疆						

各地区薯类播种面积和产量

地区	播种面积（千公顷）	总产量（万吨）	每公顷产量（千克）	比上年增减		
				播种面积（千公顷）	总产量	
					绝对量（万吨）	%
全国总计	**8 885.9**	**3 292.8**	**3 706**	**-19.9**	**19.7**	**0.60**
北京	2.1	1.2	5 741	-0.2	-0.1	-4.35
天津	1.1	0.5	4 811	-0.1	-0.1	-8.93
河北	267.3	111.5	4 170	-3.3	6.9	6.59
山西	190.3	31.9	1 674	-2.0	1.6	5.43
内蒙古	681.3	184.7	2 711	-38.4	-19.3	-9.45
辽宁	82.0	49.8	6 073	-1.1	-15.2	-23.38
吉林	81.9	68.7	8 386	-4.3	14.2	26.05
黑龙江	245.5	134.0	5 460	-4.9	-0.6	-0.46
上海	1.0	0.8	7 938	-0.2	-0.1	-8.33
江苏	60.2	39.3	6 534	0.7	0.7	1.84
浙江	108.8	55.2	5 075	12.0	9.8	21.67
安徽	163.5	45.4	2 774	-4.1	-1.1	-2.41
福建	239.0	114.3	4 783	-12.2	-5.4	-4.48
江西	140.3	62.2	4 430	4.1	2.3	3.84
山东	245.0	185.8	7 583	4.3	-2.3	-1.23
河南	311.9	122.6	3 931	13.3	-16.7	-11.96
湖北	299.6	94.0	3 137	-4.0	-5.8	-5.84
湖南	246.5	124.8	5 066	-6.9	6.0	5.08
广东	330.6	167.4	5 063	-1.0	3.1	1.91
广西	255.9	64.8	2 532	17.6	-3.0	-4.48
海南	78.2	30.0	3 837	-1.7	-0.3	-0.95
重庆	724.1	294.4	4 065	5.7	10.1	3.57
四川	1 221.3	480.4	3 934	9.0	38.7	8.77
贵州	919.4	235.8	2 565	6.9	-3.5	-1.45
云南	659.2	183.0	2 776	25.4	4.1	2.28
西藏	0.8	0.5	5 696	0.2	0.1	25.00
陕西	317.0	82.5	2 603	-10.1	2.2	2.75
甘肃	684.9	239.5	3 497	7.7	10.6	4.63
青海	83.7	32.5	3 884	-4.4	-4.4	-11.88
宁夏	215.7	42.2	1 956	-8.8	-2.3	-5.21
新疆	28.0	13.2	4 709	-19.2	-10.8	-45.01

各地区马铃薯播种面积和产量

地区	播种面积（千公顷）	总产量（万吨）	每公顷产量（千克）	比上年增减		
				播种面积（千公顷）	总产量	
					绝对量（万吨）	%
全国总计	**5 531.9**	**1 855.2**	**3 354**	**107.9**	**89.4**	**5.06**
北　京						
天　津						
河　北	166.7	61.8	3 704	-3.9	13.8	28.83
山　西	168.9	26.2	1 549	-2.7	1.2	4.93
内蒙古	681.3	184.7	2 711	-31.4	-11.8	-5.98
辽　宁	54.9	27.4	4 993	-1.5	-12.4	-31.16
吉　林	76.4	63.9	8 361	-4.6	14.4	29.06
黑龙江	245.5	134.0	5 460	-4.9	-0.6	-0.46
上　海						
江　苏						
浙　江	55.5	22.6	4 065	-3.7	-0.2	-0.92
安　徽	15.7	7.5	4 764	5.0		
福　建	77.2	29.6	3 832	1.1	0.9	3.20
江　西	14.9	8.3	5 565	12.3	7.3	753.61
山　东						
河　南						
湖　北	221.0	68.5	3 099	0.7	0.4	0.56
湖　南	91.2	36.2	3 973	-1.8	0.6	1.71
广　东	49.3	24.8	5 024	8.6	4.6	22.62
广　西	44.8	18.3	4 094	-8.3	0.5	2.69
海　南	…	…	4 412	-0.1	-0.1	-73.68
重　庆	350.2	118.3	3 377	6.0	2.1	1.82
四　川	746.7	275.0	3 683	145.6	58.5	27.02
贵　州	676.3	179.7	2 658	9.3	-9.6	-5.09
云　南	516.7	175.0	3 387	20.4	15.5	9.74
西　藏	0.7	0.4	5 753	0.2	0.1	16.67
陕　西	267.0	66.7	2 498	-14.2	1.1	1.63
甘　肃	684.9	239.5	3 497	7.7	10.6	4.63
青　海	83.7	32.5	3 884	-4.4	-4.4	-11.88
宁　夏	215.7	42.2	1 956	-8.8	-2.3	-5.21
新　疆	26.7	12.2	4 575	-18.7	-8.3	-40.32

各地区油料作物播种面积和产量

地区	播种面积（千公顷）	总产量（吨）	每公顷产量（千克）	比上年增减		
				播种面积（千公顷）	总产量	
					绝对量（吨）	%
全国总计	**13 929.8**	**34 367 660**	**2 467**	**74.7**	**1 300 089**	**3.93**
北　京	4.5	13 405	2 958	-0.3	-517	-3.72
天　津	1.9	5 646	3 003	-0.4	-985	-14.85
河　北	454.0	1 428 283	3 146	0.9	10 497	0.74
山　西	145.9	195 672	1 341	-4.1	8 629	4.61
内蒙古	764.7	1 450 797	1 897	47.7	112 033	8.37
辽　宁	376.7	1 208 739	3 209	-15.4	11 174	0.93
吉　林	266.6	807 183	3 028	21.5	111 620	16.05
黑龙江	117.3	225 158	1 919	-31.2	-7 533	-3.24
上　海	8.2	17 313	2 117	-0.4	-1 334	-7.15
江　苏	527.7	1 469 468	2 785	-24.6	28 942	2.01
浙　江	189.4	383 010	2 022	-6.6	-15 528	-3.90
安　徽	843.6	2 276 936	2 699	-34.6	139 434	6.52
福　建	113.6	280 735	2 472	1.0	6 105	2.22
江　西	744.2	1 170 753	1 573	11.8	34 901	3.07
山　东	796.0	3 509 513	4 409	-10.7	99 512	2.92
河　南	1 573.6	5 695 117	3 619	-5.3	371 482	6.98
湖　北	1 501.5	3 196 621	2 129	71.9	149 450	4.90
湖　南	1 321.7	2 078 154	1 572	26.3	-74 714	-3.47
广　东	352.2	966 063	2 743	8.8	47 069	5.12
广　西	217.4	544 867	2 507	14.7	43 467	8.67
海　南	39.7	103 621	2 608	-0.7	4 270	4.30
重　庆	271.0	501 142	1 849	13.9	36 069	7.76
四　川	1 249.7	2 877 615	2 303	17.0	93 139	3.34
贵　州	547.5	873 827	1 596	11.4	85 324	10.82
云　南	343.3	628 374	1 831	1.0	20 907	3.44
西　藏	24.0	63 310	2 636		-205	-0.32
陕　西	302.3	603 300	1 996	1.5	13 635	2.31
甘　肃	336.4	670 036	1 992	-14.7	34 842	5.49
青　海	164.4	352 246	2 143	-3.5	19 392	5.83
宁　夏	88.4	180 321	2 040	-0.3	-3 776	-2.05
新　疆	242.3	590 436	2 436	-21.9	-77 211	-11.56

各地区花生播种面积和产量

地区	播种面积（千公顷）	总产量（吨）	每公顷产量（千克）	比上年增减		
				播种面积（千公顷）	总产量	
					绝对量（吨）	%
全国总计	**4 638.5**	**16 691 582**	**3 598**	**57.1**	**645 219**	**4.02**
北京	4.0	12 400	3 070	-0.4	-828	-6.26
天津	1.4	4 595	3 282	-0.1	-600	-11.55
河北	354.5	1 269 417	3 581	-5.7	-19 749	-1.53
山西	9.3	20 321	2 189	0.4	-1 479	-6.78
内蒙古	16.7	31 985	1 913	-0.9	1 433	4.69
辽宁	359.6	1 165 335	3 240	-17.5	-28	…
吉林	141.5	466 895	3 301	23.0	106 706	29.63
黑龙江	24.8	70 447	2 844	2.4	13 509	23.73
上海	0.8	2 046	2 590	…	-86	-4.03
江苏	95.9	360 200	3 756	-4.3	-9 775	-2.64
浙江	18.5	53 418	2 882	-0.5	-159	-0.30
安徽	187.5	868 553	4 634	-1.4	25 135	2.98
福建	100.3	262 223	2 614	0.8	5 197	2.02
江西	160.7	448 133	2 788	2.8	10 635	2.43
山东	787.1	3 486 528	4 430	-10.0	100 678	2.97
河南	1 007.1	4 540 254	4 508	-3.5	242 333	5.64
湖北	239.8	743 412	3 100	47.6	55 990	8.14
湖南	110.6	277 524	2 509	-8.3	-42 192	-13.20
广东	343.2	955 209	2 784	8.7	46 741	5.15
广西	188.8	512 906	2 716	9.3	38 342	8.08
海南	37.9	101 537	2 677	-0.7	4 029	4.13
重庆	58.3	113 261	1 942	7.9	12 138	12.00
四川	262.0	648 165	2 474	3.4	20 710	3.30
贵州	41.0	78 553	1 915	2.1	17 899	29.51
云南	48.8	74 912	1 537	0.1	4 505	6.40
西藏	0.1	262	2 018	…	23	9.75
陕西	32.9	97 614	2 965	0.9	4 843	5.22
甘肃	1.0	3 996	4 120	0.1	1 040	35.18
青海						
宁夏	0.1	123	1 809			
新疆	4.4	21 356	4 895	0.8	8 103	61.14

各地区油菜籽播种面积和产量

地区	播种面积（千公顷）	总产量（吨）	每公顷产量（千克）	比上年增减		
				播种面积（千公顷）	总产量	
					绝对量（吨）	%
全国总计	**7 431.9**	**14 007 307**	**1 885**	**84.5**	**581 741**	**4.33**
北京	…	1	150	…	-5	-83.33
天津						
河北	19.0	29 690	1 564	-2.1	-513	-1.70
山西	4.2	6 570	1 575	-1.8	682	11.58
内蒙古	270.7	306 659	1 133	52.1	66 424	27.65
辽宁	0.5	937	1 952	0.1	179	23.61
吉林						
黑龙江	0.4	1 056	2 576	-0.1	-257	-19.57
上海	7.3	15 120	2 077	-0.3	-1 265	-7.72
江苏	421.3	1 091 272	2 590	-20.0	38 819	3.69
浙江	165.6	320 853	1 938	-6.0	-15 047	-4.48
安徽	609.6	1 343 182	2 203	-30.8	115 399	9.40
福建	11.9	16 780	1 412	0.3	877	5.51
江西	551.9	687 541	1 246	9.2	20 973	3.15
山东	8.0	20 823	2 608	-0.7	-1 072	-4.90
河南	380.4	876 064	2 303	-3.0	102 877	13.31
湖北	1 167.3	2 300 323	1 971	25.9	96 423	4.38
湖南	1 201.3	1 785 723	1 486	34.1	-33 883	-1.86
广东	6.6	8 077	1 227	-0.1	137	1.73
广西	20.1	20 068	1 000	4.6	3 984	24.77
海南						
重庆	204.6	377 102	1 844	8.4	25 702	7.31
四川	981.4	2 220 860	2 263	17.1	77 191	3.60
贵州	497.0	781 764	1 573	8.0	63 674	8.87
云南	281.2	534 987	1 903	8.3	16 542	3.19
西藏	23.9	63 047	2 639	…	-228	-0.36
陕西	202.1	399 403	1 976	-1.2	15 782	4.11
甘肃	175.0	339 294	1 938	-9.7	7 848	2.37
青海	160.0	345 316	2 158	-3.6	18 392	5.63
宁夏	1.2	2 839	2 380	0.8	1 939	215.44
新疆	59.6	111 956	1 877	-4.8	-39 833	-26.24

各地区芝麻播种面积和产量

地区	播种面积（千公顷）	总产量（吨）	每公顷产量（千克）	比上年增减		
				播种面积（千公顷）	总产量	
					绝对量（吨）	%
全国总计	**437.0**	**639 369**	**1 463**	**-0.1**	**33 921**	**5.60**
北京	…	29	867	…	-1	-1.72
天津	0.1	177	1 362		-10	-5.35
河北	6.8	9 079	1 338	-0.6	-1 296	-12.49
山西	3.5	3 555	1 022	-1.3	-1 272	-26.35
内蒙古	1.5	1 355	884	-2.2	-493	-26.67
辽宁	0.9	2 139	2 254	-0.3	-191	-8.20
吉林	7.3	13 805	1 902	-2.6	-22	-0.16
黑龙江	0.6	905	1 414	0.2	254	39.02
上海	0.1	147	1 336	…	17	13.08
江苏	10.4	17 815	1 715	-0.3	-45	-0.25
浙江	5.3	8 739	1 653	-0.2	-322	-3.55
安徽	45.7	64 699	1 417	-2.4	2 300	3.69
福建	1.3	1 550	1 216	…	-24	-1.52
江西	31.2	34 476	1 104	-0.6	2 753	8.68
山东	0.6	1 125	1 747	…	70	6.64
河南	180.7	267 592	1 481	3.2	26 207	10.86
湖北	88.2	143 601	1 628	-1.0	-2 282	-1.56
湖南	9.8	14 875	1 519	0.5	1 362	10.08
广东	2.4	2 777	1 139	0.3	191	7.39
广西	5.0	6 392	1 284	…	270	4.41
海南	1.8	2 084	1 156	0.1	358	20.73
重庆	4.5	5 226	1 161	-2.4	-1 652	-24.01
四川	3.5	4 547	1 290	…	-33	-0.72
贵州	0.4	432	1 184	0.1	109	33.75
云南	0.1	132	888	…	-40	-22.99
西藏						
陕西	14.7	24 386	1 661	-0.2	692	2.92
甘肃						
青海						
宁夏	0.1	36	655	…	-29	-44.62
新疆	10.4	7 694	739	9.8	7 048	1 091.02

各地区胡麻籽播种面积和产量

地区	播种面积（千公顷）	总产量（吨）	每公顷产量（千克）	比上年增减		
				播种面积（千公顷）	总产量	
					绝对量（吨）	%
全国总计	**317.9**	**390 505**	**1 229**	**-4.2**	**31 864**	**8.88**
北京						
天津						
河北	37.1	30 844	832	1.6	2 309	8.09
山西	60.5	72 553	1 200	-3.4	12 250	20.31
内蒙古	58.7	36 682	625	2.4	4 656	14.54
辽宁	0.1	150	3 000			
吉林						
黑龙江						
上海						
江苏						
浙江						
安徽						
福建						
江西	…	30	7 500			
山东						
河南						
湖北						
湖南						
广东						
广西						
海南						
重庆						
四川						
贵州	…	30	4 286	…	8	36.36
云南	…	28	734	…	-5	-14.68
西藏						
陕西	3.5	4 114	1 189	0.6	1 482	56.31
甘肃	97.0	151 208	1 559	-3.9	12 949	9.37
青海	4.4	6 884	1 562	0.1	954	16.09
宁夏	47.9	74 025	1 544	0.2	-780	-1.04
新疆	8.7	13 958	1 608	0.8	1 624	13.17

各地区向日葵籽播种面积和产量

地区	播种面积（千公顷）	总产量（吨）	每公顷产量（千克）	比上年增减		
				播种面积（千公顷）	总产量	
					绝对量（吨）	%
全国总计	**888.5**	**2 322 655**	**2 614**	**-51.7**	**9 905**	**0.43**
北京	0.4	974	2 176	0.1	315	47.78
天津	0.3	669	1 968	-0.1	-421	-38.62
河北	34.6	83 173	2 407	7.7	29 772	55.75
山西	34.2	53 261	1 557	-5.1	-2 861	-5.10
内蒙古	398.6	1 071 035	2 687	-13.4	41 294	4.01
辽宁	8.1	20 284	2 498	-3.9	-5 633	-21.73
吉林	104.9	296 928	2 831	-6.2	-14 033	-4.51
黑龙江	29.9	59 765	2 000	-10.5	-8 853	-12.90
上海						
江苏	0.1	181	2 586	…	-57	-23.95
浙江						
安徽	…	15	1 154		-1	-6.25
福建	…	60	1 480	…	-7	-10.45
江西	0.4	573	1 592	0.3	540	1 636.36
山东	…	23	3 286	…	-46	-66.67
河南	5.4	11 207	2 064	-2.0	65	0.58
湖北	5.7	8 831	1 541	-0.4	-366	-3.98
湖南	…	31	775	…	-2	-6.06
广东						
广西	3.5	5 501	1 572	0.8	871	18.81
海南						
重庆	3.6	5 553	1 528	…	-119	-2.10
四川	2.9	4 043	1 395			
贵州	7.8	10 526	1 349	0.4	2 910	38.21
云南	4.4	9 418	2 131	-0.8	-825	-8.05
西藏						
陕西	26.9	48 272	1 797	-1.9	2 768	6.08
甘肃	36.3	123 647	3 403	0.5	8 665	7.54
青海						
宁夏	32.1	94 272	2 935	-4.7	-8 942	-8.66
新疆	148.2	414 414	2 797	-15.5	-39 172	-8.64

各地区棉花播种面积和产量

地区	播种面积（千公顷）	总产量（吨）	每公顷产量（千克）	比上年增减		
				播种面积（千公顷）	总产量	
					绝对量（吨）	%
全国总计	**4 688.1**	**6 835 975**	**1 458**	**-349.7**	**247 016**	**3.75**
北京	0.2	272	1 135	-0.2	-243	-47.24
天津	55.4	57 567	1 039	-4.6	-14 708	-20.35
河北	578.3	564 404	976	-54.3	-89 041	-13.63
山西	37.4	46 981	1 257	-16.0	-16 383	-25.86
内蒙古	1.0	1 552	1 495	-0.6	-776	-33.33
辽宁	0.3	560	1 842	-0.1	-176	-23.91
吉林	4.2	7 983	1 919	-2.5	-4 105	-33.96
黑龙江						
上海	2.0	3 811	1 934	-0.5	-1 001	-20.81
江苏	170.6	220 470	1 292	-68.6	-26 325	-10.67
浙江	20.9	29 891	1 429	-0.8	-2 466	-7.62
安徽	304.9	293 973	964	-45.4	-84 027	-22.23
福建	0.1	71	693	…	-2	-2.74
江西	85.0	152 203	1 790	3.1	9 350	6.55
山东	689.9	698 490	1 012	-62.7	-86 096	-10.97
河南	256.7	256 868	1 001	-140.0	-125 482	-32.82
湖北	472.9	545 300	1 153	-15.8	19 500	3.71
湖南	172.2	250 600	1 456	-20.2	23 600	10.40
广东						
广西	2.2	2 206	1 010	-0.1	-65	-2.86
海南						
重庆	0.1	91	636	…	-3	-3.19
四川	14.6	13 314	912	-1.4	-1 286	-8.81
贵州	1.7	1 200	705	0.1	171	16.62
云南	0.3	481	1 652	…	36	8.02
西藏						
陕西	48.3	67 202	1 391	-2.0	-245	-0.36
甘肃	48.2	81 028	1 682	0.3	5 070	6.67
青海						
宁夏						
新疆	1 720.8	3 539 458	2 057	82.8	641 720	22.15

各地区麻类播种面积和产量

地区	播种面积（千公顷）	总产量（吨）	每公顷产量（千克）	比上年增减		
				播种面积（千公顷）	总产量	
					绝对量（吨）	%
全国总计	**101.2**	**261 215**	**2 581**	**-17.1**	**-34 293**	**-11.60**
北京						
天津						
河北	0.3	780	2 241	…	51	7.00
山西	0.1	42	602	-0.1	-165	-79.76
内蒙古	…	3	1 000	…	-54	-94.74
辽宁				…	-151	-100.00
吉林	0.1	141	1 007	-0.1	-58	-29.15
黑龙江	1.8	10 166	5 586	-0.8	-1 464	-12.59
上海						
江苏	0.7	2 013	2 758	-0.1	234	13.15
浙江	0.1	305	2 773	…		
安徽	9.0	27 026	3 016	-0.4	1 237	4.80
福建	0.1	386	2 980	…	-8	-2.03
江西	5.7	9 071	1 592	-0.5	-855	-8.61
山东	…	45	2 250	-0.1	-236	-83.99
河南	6.6	36 699	5 552	-1.5	-6 805	-15.64
湖北	12.1	26 442	2 187	-2.4	-2 411	-8.36
湖南	10.4	23 917	2 306	-7.4	-18 332	-43.39
广东	0.1	327	2 379	…	-113	-25.68
广西	4.6	11 067	2 432	-0.1	-1 199	-9.77
海南	0.1	997	6 795	…	-30	-2.92
重庆	6.8	10 186	1 490	-2.8	-4 269	-29.53
四川	31.6	57 385	1 813	-2.2	-3 628	-5.95
贵州	0.6	805	1 376	-0.1	198	32.62
云南	3.1	10 170	3 269	0.2	-359	-3.41
西藏						
陕西	0.5	690	1 408		36	5.50
甘肃	1.8	2 510	1 364	0.1	442	21.37
青海						
宁夏						
新疆	4.8	30 042	6 287	1.0	3 646	13.81

各地区黄红麻播种面积和产量

地区	播种面积（千公顷）	总产量（吨）	每公顷产量（千克）	比上年增减		
				播种面积（千公顷）	总产量	
					绝对量（吨）	%
全国总计	**17.6**	**68 467**	**3 899**	**-1.7**	**-6 715**	**-8.93**
北京						
天津						
河北	0.3	738	2 236	…	50	7.27
山西						
内蒙古						
辽宁						
吉林						
黑龙江						
上海						
江苏				…	-92	-100.00
浙江	0.1	250	3 125	…	6	2.46
安徽	4.7	15 878	3 412	…	1 884	13.46
福建	0.1	312	3 255		-2	-0.64
江西	0.2	804	4 757	-0.1	-184	-18.62
山东	…	2	2 000	…	-199	-99.00
河南	6.6	36 655	5 562	-1.5	-6 810	-15.67
湖北	0.1	245	2 722	…	-98	-28.57
湖南	0.2	600	3 002	…	43	7.72
广东	0.1	327	2 379	…	-113	-25.68
广西	4.1	9 541	2 332	-0.1	-1 254	-11.62
海南	0.1	997	6 795	…	-30	-2.92
重庆	0.1	103	1 552	…	3	2.82
四川	0.9	1 986	2 247	…	69	3.60
贵州	…	10	769	…	2	25.00
云南	…	8	1 950			
西藏						
陕西	…	11	1 100		10	1 000.00
甘肃						
青海						
宁夏						
新疆						

各地区苎麻播种面积和产量

地区	播种面积（千公顷）	总产量（吨）	每公顷产量（千克）	比上年增减		
				播种面积（千公顷）	总产量	
					绝对量（吨）	%
全国总计	**69.0**	**130 318**	**1 888**	**-15.0**	**-28 128**	**-17.75**
北京						
天津						
河北						
山西						
内蒙古						
辽宁						
吉林						
黑龙江						
上海						
江苏	0.7	1 738	2 448	-0.1	51	3.02
浙江	…	55	1 833	…	-6	-9.84
安徽	2.2	3 286	1 501	-0.3	-437	-11.74
福建	…	74	2 198	…	-6	-7.50
江西	5.5	8 267	1 495	-0.5	-671	-7.51
山东						
河南						
湖北	12.0	26 197	2 183	-2.4	-2 313	-8.11
湖南	10.1	23 217	2 290	-7.4	-18 375	-44.18
广东						
广西	0.5	1 526	3 317	…	55	3.74
海南						
重庆	6.8	10 022	1 484	-2.2	-2 757	-21.57
四川	30.6	55 255	1 804	-2.2	-3 704	-6.28
贵州	0.4	427	1 180	…	-2	-0.47
云南	…	18	958	…	1	2.82
西藏						
陕西	0.2	236	1 475	…	36	18.00
甘肃						
青海						
宁夏						
新疆						

各地区大麻（线麻）播种面积和产量

地区	播种面积（千公顷）	总产量（吨）	每公顷产量（千克）	比上年增减		
				播种面积（千公顷）	总产量	
					绝对量（吨）	%
全国总计	**5.3**	**14 538**	**2 752**	**-0.4**	**-1 264**	**-8.00**
北京						
天津						
河北	…	35	2 333	…	-1	-2.78
山西	0.1	42	602	-0.1	-162	-79.46
内蒙古	…	2	1 000	…	-27	-93.10
辽宁						
吉林	0.1	141	1 007	-0.1	-8	-5.37
黑龙江	0.2	991	4 129	0.2	944	2 008.51
上海						
江苏	…	275	13 750			
浙江						
安徽	2.1	7 850	3 717	0.2	2 806	55.63
福建						
江西						
山东	…	43	2 263	…	-37	-46.25
河南	…	44	2 200	…	5	12.82
湖北						
湖南						
广东						
广西						
海南						
重庆	…	61	4 575	-0.6	-1 515	-96.13
四川						
贵州	0.1	55	821	…	-6	-9.84
云南	0.4	2 066	4 978	-0.2	-3 955	-65.69
西藏						
陕西	0.3	423	1 365	…	-25	-5.58
甘肃	1.8	2 510	1 364	0.1	442	21.37
青海						
宁夏						
新疆						

各地区亚麻播种面积和产量

地区	播种面积（千公顷）	总产量（吨）	每公顷产量（千克）	比上年增减		
				播种面积（千公顷）	总产量	
					绝对量（吨）	%
全国总计	**6.9**	**38 113**	**5 524**	**0.8**	**-1 267**	**-3.22**
北京						
天津						
河北						
山西						
内蒙古						
辽宁						
吉林						
黑龙江	1.6	9 175	5 807	-1.0	-2 408	-20.79
上海						
江苏						
浙江						
安徽						
福建						
江西						
山东						
河南						
湖北						
湖南	…	100	3 333			
广东						
广西						
海南						
重庆						
四川	…	10	1 000	…	9	900.00
贵州	0.1	86	878	…	7	8.86
云南	1.9	5 509	2 878	1.8	4 338	370.54
西藏						
陕西						
甘肃						
青海						
宁夏						
新疆	3.3	23 232	7 111	0.1	-3 164	-11.99

各地区糖料播种面积和产量

地区	播种面积（千公顷）	总产量（吨）	每公顷产量（千克）	比上年增减		
				播种面积（千公顷）	总产量	
					绝对量（吨）	%
全国总计	**2 030.4**	**134 854 276**	**66 416**	**82.7**	**9 688 854**	**7.74**
北京						
天津						
河北	14.2	594 297	41 911	1.7	129 133	27.76
山西	8.5	407 752	47 718	2.9	83 405	25.71
内蒙古	43.7	1 679 264	38 421	4.5	102 086	6.47
辽宁	1.9	97 317	52 041	0.1	19 340	24.80
吉林	6.7	209 410	31 443	1.7	46 676	28.68
黑龙江	73.0	2 731 176	37 439	-9.1	-18 654	-0.68
上海	0.2	10 140	63 375	…	-754	-6.92
江苏	1.7	97 531	59 110	…	1 458	1.52
浙江	11.0	701 425	63 737	-0.3	-9 696	-1.36
安徽	5.2	206 108	39 735	-0.2	-10 252	-4.74
福建	9.3	564 711	60 662	0.1	4 990	0.89
江西	13.8	615 764	44 747	-0.2	-12 711	-2.02
山东		72	24 000		-94	-56.63
河南	4.0	268 803	67 709	…	1 906	0.71
湖北	7.8	310 822	39 951	…	-14 061	-4.33
湖南	14.5	738 307	51 094	-0.1	16 009	2.22
广东	165.4	14 692 105	88 805	5.2	791 822	5.70
广西	1 128.0	78 297 134	69 411	36.4	5 597 494	7.70
海南	62.4	4 159 197	66 604	1.9	281 515	7.26
重庆	3.4	118 823	35 199	…	775	0.66
四川	14.9	615 307	41 227	-3.9	-264 268	-30.04
贵州	21.8	1 280 784	58 684	9.8	844 560	193.61
云南	331.5	20 437 844	61 654	24.8	1 450 078	7.64
西藏						
陕西	0.1	1 667	27 783	…	111	7.13
甘肃	5.0	246 503	49 007	0.2	65 676	36.32
青海		35			-75	-68.18
宁夏		88	44 000		-2	-2.22
新疆	82.6	5 771 889	69 854	7.2	582 387	11.22

各地区甘蔗播种面积和产量

地区	播种面积（千公顷）	总产量（吨）	每公顷产量（千克）	比上年增减		
				播种面积（千公顷）	总产量	
					绝对量（吨）	%
全国总计	**1 794.7**	**123 113 920**	**68 600**	**73.4**	**8 679 300**	**7.58**
北　京						
天　津						
河　北						
山　西						
内蒙古						
辽　宁						
吉　林						
黑龙江						
上　海	0.2	10 140	63 375	…	-754	-6.92
江　苏	1.6	97 231	60 019	…	1 158	1.21
浙　江	11.0	701 425	63 737	-0.3	-9 696	-1.36
安　徽	5.2	206 108	39 735	-0.2	-10 244	-4.73
福　建	9.3	564 711	60 662	0.1	4 990	0.89
江　西	13.8	615 764	44 747	-0.2	-12 711	-2.02
山　东						
河　南	4.0	268 803	67 709	…	1 906	0.71
湖　北	7.8	310 775	40 100	…	-14 108	-4.34
湖　南	14.5	738 307	51 094	-0.1	16 009	2.22
广　东	165.4	14 692 105	88 805	5.2	791 822	5.70
广　西	1 128.0	78 297 134	69 411	36.4	5 597 494	7.70
海　南	62.4	4 159 197	66 604	1.9	281 515	7.26
重　庆	3.4	118 823	35 199	…	775	0.66
四　川	14.8	613 404	41 357	-3.8	-263 482	-30.05
贵　州	21.8	1 280 599	58 794	9.8	844 554	193.69
云　南	331.5	20 437 795	61 654	24.8	1 450 028	7.64
西　藏						
陕　西	0.1	1 599	31 980		43	2.76
甘　肃						
青　海						
宁　夏						
新　疆						

各地区甜菜播种面积和产量

地　区	播种面积（千公顷）	总产量（吨）	每公顷产量（千克）	比上年增减		
				播种面积（千公顷）	总产量	
					绝对量（吨）	%
全国总计	**235.8**	**11 740 356**	**49 793**	**9.2**	**1 009 555**	**9.41**
北　京						
天　津						
河　北	14.2	594 297	41 911	1.7	129 133	27.76
山　西	8.5	407 752	47 718	2.9	83 405	25.71
内蒙古	43.7	1 679 264	38 421	4.5	102 086	6.47
辽　宁	1.9	97 317	52 041	0.1	19 340	24.80
吉　林	6.7	209 410	31 443	1.7	46 676	28.68
黑龙江	73.0	2 731 176	37 439	-9.1	-18 654	-0.68
上　海						
江　苏	…	300	10 000			
浙　江						
安　徽						
福　建						
江　西						
山　东	…	72	24 000	…	-94	-56.63
河　南						
湖　北	…	47	1 567			
湖　南						
广　东						
广　西						
海　南						
重　庆						
四　川	0.1	1 903	20 462	-0.1	-786	-29.24
贵　州	…	185	4 205	…	6	3.35
云　南	…	50	16 533			
西　藏						
陕　西	…	68	6 800			
甘　肃	5.0	246 503	49 007	0.2	65 676	36.32
青　海		35		…	-75	-68.18
宁　夏	…	88	44 000	…	-2	-2.22
新　疆	82.6	5 771 889	69 854	7.2	582 387	11.22

各地区烟叶播种面积和产量

地区	播种面积（千公顷）	总产量（吨）	每公顷产量（千克）	比上年增减		
				播种面积（千公顷）	总产量	
					绝对量（吨）	%
全国总计	**1 596.5**	**3 406 524**	**2 134**	**135.1**	**274 116**	**8.75**
北京	…	7	1 500	…	-1	-7.14
天津						
河北	3.2	7 019	2 211	0.3	207	3.04
山西	3.1	9 939	3 197	-0.1	-1 082	-9.82
内蒙古	3.8	14 237	3 725	-0.3	-1 192	-7.73
辽宁	11.8	33 621	2 849	1.0	3 775	12.65
吉林	25.1	81 286	3 245	2.8	8 986	12.43
黑龙江	38.0	96 888	2 551	3.0	11 568	13.56
上海						
江苏	…	81	2 025	-0.1	-144	-64.00
浙江	1.1	2 578	2 396	-0.1	-365	-12.40
安徽	13.2	35 858	2 708	1.8	4 892	15.80
福建	70.1	148 193	2 115	2.2	4 929	3.44
江西	23.8	52 472	2 203	3.8	6 967	15.31
山东	39.9	103 419	2 591	6.3	15 605	17.77
河南	125.4	306 762	2 446	0.7	14 309	4.89
湖北	72.1	146 056	2 025	4.9	5 094	3.61
湖南	111.8	246 995	2 209	7.0	466	0.19
广东	23.9	58 077	2 427	-0.3	1 756	3.12
广西	18.8	34 382	1 834	2.2	5 268	18.09
海南	0.2	160	800	0.1	110	220.00
重庆	50.0	102 908	2 059	3.8	9 300	9.94
四川	122.0	274 494	2 251	4.8	25 197	10.11
贵州	249.2	392 768	1 576	36.9	49 524	14.43
云南	545.2	1 150 017	2 109	49.9	94 357	8.94
西藏						
陕西	40.2	91 917	2 285	4.0	14 147	18.19
甘肃	4.1	12 976	3 157	0.4	865	7.14
青海	0.2	1 310	7 706	…	-400	-23.39
宁夏	0.4	2 100	5 000		-27	-1.27
新疆	…	5	2 083	…	5	

各地区烤烟播种面积和产量

地 区	播种面积（千公顷）	总产量（吨）	每公顷产量（千克）	比上年增减		
				播种面积（千公顷）	总产量	
					绝对量（吨）	%
全国总计	**1 480.5**	**3 126 229**	**2 112**	**129.5**	**256 682**	**8.95**
北 京						
天 津						
河 北	2.6	4 550	1 725	0.3	391	9.40
山 西	3.1	9 935	3 196	-0.1	-1 036	-9.44
内 蒙 古	2.6	11 768	4 453	-0.4	-913	-7.20
辽 宁	10.8	30 537	2 831	1.1	4 114	15.57
吉 林	12.1	32 353	2 674	1.0	1 992	6.56
黑 龙 江	33.6	88 166	2 623	1.8	10 634	13.72
上 海						
江 苏	…	51	1 700	…	-17	-25.00
浙 江						
安 徽	13.0	35 004	2 697	1.8	4 768	15.77
福 建	69.6	147 119	2 115	2.2	4 947	3.48
江 西	22.9	50 338	2 200	3.5	5 841	13.13
山 东	39.9	103 401	2 591	6.7	16 204	18.58
河 南	125.4	306 762	2 446	0.8	14 405	4.93
湖 北	52.1	99 109	1 904	4.4	2 650	2.75
湖 南	107.3	236 475	2 203	8.1	3 001	1.29
广 东	21.8	52 235	2 399	-0.2	1 679	3.32
广 西	14.8	27 043	1 825	2.1	5 064	23.04
海 南	0.2	160	800	0.1	110	220.00
重 庆	38.0	76 062	2 001	-0.9	134	0.18
四 川	104.0	227 081	2 184	5.6	26 683	13.32
贵 州	237.0	373 081	1 574	37.0	48 044	14.78
云 南	525.8	1 110 461	2 112	49.8	92 222	9.06
西 藏						
陕 西	40.0	91 495	2 287	4.3	14 746	19.21
甘 肃	3.3	10 938	3 275	0.4	1 041	10.52
青 海						
宁 夏	0.4	2 100	5 000		-27	-1.27
新 疆	…	5	2 083	…	5	

各地区蔬菜类播种面积和产量

地　区	播种面积（千公顷）	总产量（万吨）	每公顷产量（千克）	比上年增减		
				播种面积（千公顷）	总产量	
					绝对量（万吨）	%
全国总计	**20 352.6**	**70 883.1**	**34 828**	**713.4**	**2 953.4**	**4.35**
北　京	64.1	279.9	43 673	-2.7	-17.0	-5.72
天　津	88.9	447.7	50 354	1.8	16.4	3.80
河　北	1 203.0	7 695.1	63 966	45.1	310.8	4.21
山　西	247.8	1 073.3	43 313	19.2	91.4	9.31
内蒙古	288.4	1 476.3	51 181	17.6	36.1	2.51
辽　宁	487.1	2 977.6	61 125	21.7	145.1	5.12
吉　林	237.4	957.5	40 341	0.5	-13.8	-1.42
黑龙江	249.9	866.4	34 677	26.7	76.5	9.68
上　海	134.2	406.9	30 327	-2.1	-1.3	-0.32
江　苏	1 323.4	4 984.6	37 665	63.2	397.7	8.67
浙　江	623.3	1 819.8	29 198	-1.2	4.2	0.23
安　徽	810.6	2 327.5	28 714	21.6	113.5	5.13
福　建	692.2	1 673.9	24 184	12.8	50.5	3.11
江　西	547.5	1 213.1	22 159	11.9	47.4	4.06
山　东	1 806.0	9 386.0	51 972	14.8	205.1	2.23
河　南	1 730.3	7 011.7	40 523	10.2	301.9	4.50
湖　北	1 138.7	3 506.4	30 793	76.5	147.8	4.40
湖　南	1 239.2	3 480.9	28 091	45.4	143.5	4.30
广　东	1 229.2	2 982.7	24 266	20.4	131.7	4.62
广　西	1 075.4	2 356.7	21 916	34.6	110.3	4.91
海　南	229.5	499.0	21 740	4.6	29.9	6.38
重　庆	652.7	1 509.3	23 126	34.0	101.4	7.20
四　川	1 253.9	3 764.7	30 025	48.2	191.1	5.35
贵　州	774.3	1 375.6	17 766	65.8	125.6	10.05
云　南	803.8	1 472.7	18 322	68.6	132.7	9.90
西　藏	23.7	65.6	27 652	1.3	5.5	9.19
陕　西	477.1	1 525.6	31 976	18.8	93.1	6.50
甘　肃	454.0	1 460.4	32 167	38.6	139.8	10.59
青　海	48.8	158.7	32 544	6.7	14.1	9.77
宁　夏	111.6	471.1	42 224	4.3	32.4	7.39
新　疆	306.9	1 656.0	53 953	-15.7	-210.1	-11.26

各地区瓜果类播种面积和产量

地区	播种面积（千公顷）	总产量（万吨）	每公顷产量（千克）	比上年增减		
				播种面积（千公顷）	总产量	
					绝对量（万吨）	%
全国总计	**2 408.2**	**8 952.4**	**37 175**	**19.0**	**267.5**	**3.08**
北　京	7.7	34.0	44 415	-0.5	-3.8	-10.00
天　津	5.5	27.6	50 120	-0.1	-2.1	-7.17
河　北	106.7	528.9	49 547	1.5	14.8	2.87
山　西	23.3	70.5	30 297	-1.5	7.9	12.70
内蒙古	62.8	228.1	36 311	-3.4	-26.6	-10.43
辽　宁	53.4	261.4	48 902	3.1	25.0	10.59
吉　林	51.1	157.7	30 871	-1.2	-7.4	-4.46
黑龙江	57.8	211.8	36 650	-3.9	-13.8	-6.12
上　海	11.5	39.0	33 913	-2.6	-8.7	-18.24
江　苏	143.5	514.8	35 879	3.1	26.3	5.38
浙　江	101.4	291.2	28 710	-4.6	-21.8	-6.96
安　徽	172.6	624.1	36 147	1.5	19.2	3.18
福　建	36.0	83.0	23 032	…	1.1	1.29
江　西	74.5	201.0	26 988	1.7	8.1	4.19
山　东	277.1	1 400.7	50 539	3.7	38.4	2.82
河　南	330.6	1 664.6	50 348	1.5	84.1	5.32
湖　北	101.5	344.0	33 891	2.5	10.6	3.17
湖　南	139.5	355.5	25 483	3.2	16.6	4.89
广　东	42.0	111.0	26 455	0.1	1.8	1.62
广　西	112.0	294.1	26 264	5.1	14.9	5.34
海　南	32.9	94.1	28 618	0.6	-1.4	-1.51
重　庆	21.8	40.7	18 667	0.3	0.5	1.26
四　川	50.2	127.3	25 335	0.6	2.6	2.10
贵　州	26.6	57.7	21 688	1.5	9.2	18.88
云　南	27.7	70.4	25 444	-0.8	-0.6	-0.89
西　藏	0.2	0.4	23 875	…	…	3.82
陕　西	74.3	256.1	34 483	-4.2	1.6	0.63
甘　肃	52.0	205.3	39 507	1.4	15.7	8.29
青　海	0.6	2.3	35 440	-0.1	-0.8	-26.43
宁　夏	81.3	170.1	20 906	-0.8	5.2	3.18
新　疆	130.1	485.4	37 313	11.2	51.0	11.75

各地区西瓜播种面积和产量

地区	播种面积（千公顷）	总产量（万吨）	每公顷产量（千克）	比上年增减		
				播种面积（千公顷）	总产量	
					绝对量（万吨）	%
全国总计	**1 801.5**	**7 071.3**	**39 251**	**-1.7**	**181.9**	**2.64**
北京	6.5	31.0	47 844	-0.9	-4.5	-12.74
天津	4.2	22.8	54 493		-1.6	-6.65
河北	74.2	395.0	53 243	…	5.2	1.35
山西	17.1	57.3	33 581	-3.7	3.1	5.77
内蒙古	37.6	156.9	41 693	-5.2	-24.8	-13.64
辽宁	22.0	131.0	59 617	-1.1	1.6	1.23
吉林	29.2	103.0	35 339	-0.7	-8.5	-7.64
黑龙江	32.1	131.1	40 878	-1.7	-14.5	-9.94
上海	8.2	30.5	37 176	-2.0	-6.5	-17.68
江苏	96.2	386.6	40 187	-2.2	4.5	1.17
浙江	77.3	238.1	30 807	-6.5	-26.2	-9.91
安徽	138.7	525.5	37 886	2.4	14.6	2.86
福建	28.9	68.0	23 539	0.2	1.2	1.74
江西	64.0	160.3	25 032	0.4	2.3	1.43
山东	205.7	1 105.1	53 732	2.2	25.3	2.34
河南	276.6	1 467.8	53 066	10.9	121.0	8.99
湖北	82.0	295.3	36 011	-1.2	18.2	6.57
湖南	119.5	318.1	26 625	3.9	16.6	5.49
广东	31.0	84.4	27 241	1.3	5.3	6.75
广西	99.3	268.6	27 056	4.6	13.2	5.15
海南	18.5	65.1	35 119	-4.0	-4.6	-6.55
重庆	20.2	38.8	19 224	0.2	0.4	1.07
四川	41.2	110.8	26 902	0.4	1.1	0.96
贵州	19.6	47.7	24 376	1.2	7.1	17.51
云南	22.1	59.3	26 840	-1.8	-1.0	-1.70
西藏	0.1	0.1	14 264	…	-0.2	-71.27
陕西	52.9	187.3	35 427	-4.0	-13.1	-6.55
甘肃	37.1	156.1	42 112	1.0	12.1	8.40
青海	0.5	2.1	44 376	-0.1	-0.9	-29.12
宁夏	72.8	156.4	21 484	-1.2	4.7	3.07
新疆	66.6	271.1	40 700	5.9	31.0	12.90

各地区甜瓜播种面积和产量

地区	播种面积（千公顷）	总产量（万吨）	每公顷产量（千克）	比上年增减		
				播种面积（千公顷）	总产量	
					绝对量（万吨）	%
全国总计	**410.4**	**1 331.6**	**32 448**	**12.9**	**53.1**	**4.15**
北京	0.4	1.5	40 851	…	0.2	20.07
天津	0.8	2.9	35 840	-0.1	-0.4	-11.26
河北	18.1	84.8	46 756	1.2	8.9	11.70
山西	5.3	10.8	20 372	1.6	4.5	70.58
内蒙古	21.6	63.5	29 418	0.8	-2.8	-4.21
辽宁	15.6	70.0	44 786	1.4	12.8	22.42
吉林	20.5	52.1	25 432	1.0	2.2	4.38
黑龙江	20.1	62.8	31 228	0.3	4.5	7.73
上海	2.3	6.7	28 941	-0.6	-2.3	-25.84
江苏	22.1	62.4	28 279	0.3	2.9	4.95
浙江	10.0	24.7	24 621	0.7	1.9	0.09
安徽	15.8	49.0	31 009	1.5	4.5	10.15
福建	4.2	8.9	21 326	…	0.1	1.29
江西	6.3	12.6	20 151	1.1	1.5	-0.03
山东	49.5	210.3	42 447	2.6	12.2	6.17
河南	49.0	182.0	37 128	-9.6	-37.9	-17.22
湖北	14.0	40.9	29 318	-0.2	-0.6	-1.48
湖南	16.2	33.1	20 452	-0.7	-0.3	-0.80
广东	4.6	10.3	22 445	-0.1	0.2	1.48
广西	12.2	24.8	20 343	0.5	1.7	7.29
海南	2.9	5.0	17 047	0.5	…	0.03
重庆	0.7	1.1	16 823	…	…	-0.98
四川	1.1	1.7	15 485	…	-0.1	-7.43
贵州	2.2	2.8	13 120	-0.2	0.1	4.80
云南	0.8	1.4	17 261	0.2	-0.5	-27.32
西藏		0.0				
陕西	17.3	57.3	33 052	4.9	19.1	50.08
甘肃	5.3	21.4	40 625	-0.3	-0.6	-2.62
青海		0.0				
宁夏	8.4	13.4	15 931	0.5	0.8	6.28
新疆	63.1	213.3	33 801	5.3	20.3	10.51

各地区草莓播种面积和产量

地区	播种面积（千公顷）	总产量（万吨）	每公顷产量（千克）	比上年增减		
				播种面积（千公顷）	总产量	
					绝对量（万吨）	%
全国总计	**100.5**	**276.1**	**27 461**	**4.6**	**27.0**	**10.84**
北京	0.8	1.5	18 687	0.3	0.4	42.43
天津	…	0.1	25 750	…	…	-31.79
河北	12.4	39.7	32 165	…	0.4	1.14
山西	0.2	0.6	32 045	…	-0.2	-28.33
内蒙古	0.1	0.1	10 903	…	…	-2.13
辽宁	12.8	48.2	37 513	1.1	4.2	9.59
吉林	1.1	1.5	14 290	0.3	0.4	35.63
黑龙江	2.7	6.0	22 106	-1.9	-3.3	-35.90
上海	1.0	1.9	18 742	0.1	0.2	9.90
江苏	11.3	32.1	28 274	2.1	10.3	47.44
浙江	4.9	10.8	21 826	0.9	1.6	17.61
安徽	13.0	31.2	24 096	0.8	3.3	11.91
福建	0.8	1.6	19 960	…	0.1	3.62
江西	1.0	1.1	10 654	0.5	0.4	70.50
山东	15.9	57.9	36 434	1.2	7.1	13.88
河南	5.0	14.9	29 643	0.2	0.9	6.30
湖北	1.3	2.3	17 710	0.2	0.3	13.37
湖南	3.8	4.3	11 169	…	0.3	6.78
广东	0.8	1.5	18 506	-0.1	-0.2	-11.10
广西	0.5	0.7	13 373	-0.1	0.1	12.28
海南	…	0.1	15 162	…	-1.0	-94.61
重庆	1.0	0.8	8 480	0.1	0.1	6.53
四川	5.6	8.7	15 453	…	0.2	2.26
贵州	1.2	1.8	14 928	0.1	0.5	35.43
云南	0.5	0.9	17 085	…	-0.1	-10.54
西藏	…	…	19 731	…	…	86.05
陕西	1.5	4.1	26 834	-1.0	0.4	9.80
甘肃	0.7	1.0	14 506	…	…	-3.16
青海	…	0.1	50 979	…	…	40.02
宁夏	0.1	0.3	19 319	-0.2	-0.2	-44.68
新疆	0.3	0.6	17 336	…	…	6.71

各地区药材和其他作物播种面积

单位：千公顷

地　区	药　材	比上年增减（%）	其他作物	比上年增减（%）	青饲料	比上年增减（%）
全国总计	**1 560.5**	**12.65**	**5 543.7**	**-5.66**	**2 060.8**	**-1.06**
北　京	2.5	-3.30	9.8	-4.56	2.6	-24.39
天　津			4.4	95.07	0.6	-10.29
河　北	35.0	4.03	84.6	-5.33	60.0	-4.97
山　西	27.8	19.99	22.8	9.92	18.2	-5.43
内蒙古	27.9	-3.58	372.1	-11.48	230.8	2.72
辽　宁	31.4	34.30	30.6	-3.54	4.7	-28.77
吉　林	29.7	-3.28	84.1	7.63	1.9	6.63
黑龙江	47.4	-7.39	132.4	14.21	53.4	-20.46
上　海	0.4	-8.89	43.9	-16.05	8.1	13.25
江　苏	11.5	-9.26	135.9	-0.60	29.1	2.18
浙　江	31.2	-1.18	94.3	-56.41	7.7	-7.37
安　徽	81.7	9.70	106.8	-4.70	36.3	9.51
福　建	15.3	19.77	125.3	-11.13	55.0	-0.74
江　西	20.0	0.57	334.6	-5.46	75.3	-8.01
山　东	29.6	3.34	26.1	-21.89	2.4	127.48
河　南	122.7	-0.30	127.1	11.44	4.7	-19.14
湖　北	138.0	15.23	454.3	-24.13	269.8	-8.32
湖　南	62.6	2.24	532.1	5.11	201.6	2.20
广　东	15.7	15.42	260.9	4.66	62.2	6.44
广　西	70.1	9.63	385.2	-2.31	29.9	8.38
海　南	5.8	38.63	45.3	0.22	0.5	24.62
重　庆	100.9	22.61	111.3	-3.06	70.3	-2.86
四　川	101.8	3.00	350.0	-0.68	198.6	-5.37
贵　州	74.7	68.40	432.2	1.69	152.6	3.77
云　南	92.4	30.69	373.6	4.13	177.2	-2.25
西　藏	…	…	25.2	1.90	24.0	0.59
陕　西	135.9	50.52	32.2	2.78	17.2	-17.88
甘　肃	189.6	2.13	169.3	-15.45	98.7	1.18
青　海	21.1	10.71	39.0	1.43	34.4	-3.54
宁　夏	10.8	-6.08	120.3	2.07	72.0	38.87
新　疆	27.1	18.80	478.0	-2.48	60.9	7.78

全国茶叶、水果产量和面积增减情况（一）

项目	2012年	2011年	2012年比2011年增减	
			绝对量	%
茶叶总产量（吨）	**1 789 753**	**1 623 214**	**166 539**	**10.26**
绿茶	1 247 827	1 137 646	110 180	9.68
青茶	217 879	199 747	18 132	9.08
红茶	132 416	113 679	18 737	16.48
黑茶	79 836	63 459	16 377	25.81
黄茶	179	391	-212	-54.25
白茶	10 244	14 267	-4 023	-28.20
其他茶	101 371	94 024	7 347	7.81
园林水果总产量（吨）	**151 044 383**	**140 833 016**	**10 211 367**	**7.25**
苹果	38 490 692	35 984 832	2 505 860	6.96
红富士	26 867 457	24 437 585	2 429 873	9.94
国光	1 897 579	1 876 938	20 641	1.10
梨	17 073 026	15 794 801	1 278 224	8.09
雪花梨	2 712 265	2 800 583	-88 317	-3.15
鸭梨	2 862 732	2 660 557	202 175	7.60
柑橘类	31 677 960	29 440 355	2 237 606	7.60
柑	10 231 756	9 273 378	958 378	10.33
橘	11 603 335	11 305 725	297 611	2.63
橙	5 915 558	5 540 757	374 801	6.76
柚	3 370 299	3 206 727	163 572	5.10
热带亚热带水果	18 052 438	16 787 785	1 264 653	7.53
香蕉	11 557 950	10 399 962	1 157 988	11.13
菠萝	1 287 095	1 191 062	96 033	8.06

全国茶叶、水果产量和面积增减情况（二）

项　　目	2012 年	2011 年	2012 年比 2011 年增减	
			绝对量	%
荔枝	1 906 878	1 897 179	9 699	0.51
龙眼	1 526 293	1 443 010	83 283	5.77
其他园林水果	45 746 765	42 436 026	3 310 739	7.80
桃	11 430 347	10 983 028	447 319	4.07
猕猴桃	1 452 767	1 255 374	197 393	15.72
葡萄	10 543 154	9 067 464	1 475 689	16.27
红枣	5 887 121	5 426 762	460 359	8.48
柿子	3 417 586	3 187 239	230 347	7.23
年末实有茶园面积（千公顷）	**2 279.9**	**2 112.6**	**167.4**	**7.93**
本年采摘面积	1 735.2	1 644.6	90.6	5.51
年末果园面积（千公顷）	**12 139.9**	**11 830.6**	**309.3**	**2.61**
苹果园	2 231.3	2 177.3	54.0	2.48
梨园	1 088.6	1 085.5	3.0	0.28
柑橘园	2 306.3	2 288.3	18.0	0.78
香蕉园	394.7	386.0	8.7	2.24
菠萝园	60.0	55.3	4.7	8.56
荔枝园	546.2	554.8	-8.6	-1.56
桃园	745.9	720.3	25.6	3.56
猕猴桃园	138.5	116.0	22.5	19.38
葡萄园	665.6	596.9	68.7	11.50

各地区茶叶产量和茶园面积（一）

地　　区	茶叶总产量（吨）	绿　茶	青　茶	红　茶	黑　茶	黄　茶
全国总计	**1 789 753**	**1 247 827**	**217 879**	**132 416**	**79 836**	**178.9**
北　　京						
天　　津						
河　　北						
山　　西	6					
内 蒙 古						
辽　　宁						
吉　　林						
黑 龙 江						
上　　海						
江　　苏	15 371	12 674		2 452		
浙　　江	174 840	168 731		1 370	3 159	
安　　徽	95 374	89 150	70	4 422		
福　　建	320 958	110 064	172 690	27 365		
江　　西	38 662	29 317	1 530	5 123	46	12
山　　东	13 323	13 323				
河　　南	51 374	45 496		5 878		
湖　　北	206 984	165 004	4 116	21 746	11 363	
湖　　南	135 346	58 363	3 582	15 890	48 010	9.9
广　　东	63 095	25 741	30 143	1 338		8
广　　西	49 359	34 087	362	8 720	949	
海　　南	1 196	1 011		134		
重　　庆	31 372	24 059	30	3 101	1 883	
四　　川	210 201	171 628	4 558	3 195	14 403	145
贵　　州	74 359	63 161	132	950	23	4
云　　南	271 704	199 817	666	30 731		
西　　藏	31	3				
陕　　西	35 195	35 195				
甘　　肃	1 002	1 002				
青　　海						
宁　　夏						
新　　疆						

各地区茶叶产量和茶园面积（二）

地区	茶叶总产量（吨）		年末实有			
	白茶	其他茶	茶园面积（千公顷）	比上年增长（%）	本年采摘面积	比上年增减（%）
全国总计	**10 244**	**101 371**	**2 279.9**	**7.93**	**1 735.2**	**5.51**
北京						
天津						
河北						
山西		6	0.1			
内蒙古						
辽宁						
吉林						
黑龙江						
上海						
江苏		245	34.0	5.55	28.8	8.02
浙江		1 579	183.0	0.59	164.6	0.10
安徽	48	1 684	149.7	8.47	131.0	7.19
福建	9 284	1 555	221.5	4.79	195.5	5.12
江西	286	2 348	65.5	11.02	49.9	10.21
山东			20.8	10.31	14.3	12.63
河南			87.6	11.60	73.5	2.25
湖北	151	4 604	260.1	7.06	189.4	8.39
湖南	4	9 487	108.8	6.22	86.8	4.21
广东		5 865	41.8	1.73	37.9	1.73
广西		5 240	55.6	3.40	47.0	2.82
海南		51	1.0	-5.61	0.8	-20.18
重庆		2 299	35.1	1.16	25.8	1.47
四川	268	16 004	266.6	11.44	186.7	11.67
贵州	203	9 886	251.5	28.09	121.3	26.59
云南		40 490	389.7	2.55	308.7	6.33
西藏		27	0.2			
陕西			97.1	7.00	69.2	-23.79
甘肃			10.2	2.20	4.0	1.00
青海						
宁夏						
新疆						

各地区园林水果产量（一）

单位：吨

地区	园林水果总产量	比上年增减（%）	苹果	红富士	国光	梨	雪花梨
全国总计	**151 044 383**	**7.25**	**38 490 692**	**26 867 457**	**1 897 579**	**17 073 026**	**2 712 265**
北京	795 836	-4.19	103 017	85 316	8 087	162 632	27 817
天津	306 225	-7.05	49 639	36 825	307	36 218	8 688
河北	12 860 377	6.72	3 114 632	1 890 431	315 202	4 450 544	797 070
山西	6 068 467	9.28	3 752 442	2 945 814	47 480	663 588	47 739
内蒙古	554 391	18.36	143 736	4 598	27 363	74 924	523
辽宁	6 329 172	10.19	2 634 128	1 181 643	799 867	1 547 193	87 995
吉林	597 485	-1.46	166 735	4 052	32 438	112 603	7 790
黑龙江	567 404	4.62	150 661			37 259	
上海	481 545	19.72	6			37 359	
江苏	2 812 221	4.71	601 221	429 385	1 639	748 219	24 045
浙江	4 126 838	3.32				390 500	234 300
安徽	2 613 227	8.08	386 624	205 758	3 935	1 069 300	46 344
福建	6 258 220	3.28	240			205 745	
江西	3 702 788	-4.48				140 594	27 112
山东	15 238 201	2.37	8 710 375	7 254 968	198 845	1 190 939	147 826
河南	8 704 299	4.42	4 367 005	2 934 199	303 777	1 043 927	280 735
湖北	5 417 174	3.82	10 573		2 394	536 352	536 352
湖南	5 537 402	4.50				154 253	
广东	12 790 905	6.14				77 982	
广西	10 309 501	9.23				257 690	
海南	3 346 307	8.59					
重庆	2 504 752	13.38	4 960	100	100	340 983	5 135
四川	6 943 296	6.50	488 292	148 816	15 220	960 290	303 583
贵州	900 578	13.25	24 856	12 043	1 980	217 178	15 094
云南	5 107 197	25.98	322 445	187 562	12 679	416 326	85 299
西藏	9 745	-1.15	4 442	12		1 150	
陕西	14 377 449	7.88	9 650 885	7 337 749	46 039	896 932	27 034
甘肃	3 597 114	9.17	2 487 504	1 492 503	1 989	333 281	178
青海	14 090	4.29	5 880	1 713	785	4 708	
宁夏	804 731	11.05	489 412	243 187	60 245	14 161	1 607
新疆	7 367 446	22.45	820 982	470 784	17 209	950 197	

各地区园林水果产量（二）

单位：吨

地　区	梨	柑橘类					热带亚热带水果	
	鸭　梨		柑	橘	橙	柚		香　蕉
全国总计	**2 862 732**	**31 677 960**	**10 231 756**	**11 603 335**	**5 915 558**	**3 370 299**	**18 052 438**	**11 557 950**
北　京	35 817							
天　津	3 057							
河　北	1 966 434							
山　西	10 223							
内 蒙 古	1 323							
辽　宁	81 741							
吉　林	8 337							
黑 龙 江								
上　海		242 781		242 781				
江　苏	15 404	58 030	21 060	36 970				
浙　江	19 526	1 935 604	707 625	980 359	27 585	199 371		
安　徽	17 666	34 064	1 452	29 857	195			
福　建		3 034 072	573 862	987 548	251 145	1 185 763	1 899 108	902 580
江　西	17 349	3 364 641	339 114	1 673 959	1 290 484	61 084		
山　东	318 840							
河　南	72 366	40 414		40 414				
湖　北		3 853 103	1 719 061	1 637 440	398 324	98 278		
湖　南	154 253	4 834 943	1 991 974	2 148 992	569 657	124 319		
广　东		4 145 462	769 496	2 410 372	285 742	679 852	6 793 332	4 031 646
广　西		3 840 460	2 245 681	173 015	908 461	513 303	3 585 508	2 302 754
海　南		54 759	1 897	3 832	45 538	3 492	3 136 402	2 091 019
重　庆	24 610	1 715 248	218 923	299 608	959 699	160 635	18 711	1 026
四　川	70 665	3 408 007	1 122 199	530 682	1 061 540	317 887	160 119	39 910
贵　州	10 565	227 366	84 724	74 578	35 905	15 812	7 324	6 072
云　南	20 078	517 258	173 898	223 599	80 946	9 495	2 451 934	2 182 944
西　藏		527		242				
陕　西	12 699	368 010	257 578	109 087	337	1 008		
甘　肃	102	3 212	3 212					
青　海								
宁　夏	1 677							
新　疆								

各地区园林水果产量（三）

单位：吨

地区	热带亚热带水果			其他园林水果					
	菠萝	荔枝	龙眼		桃	猕猴桃	葡萄	红枣	柿子
全国总计	**1 287 095**	**1 906 878**	**1 526 293**	**45 746 765**	**11 430 347**	**1 452 767**	**10 543 154**	**5 887 121**	**3 417 586**
北京				530 187	373 295	15	41 316	10 916	44 235
天津				220 368	58 060	0	106 929	34 754	8 662
河北				5 295 201	1 573 161	805	1 241 764	1 258 911	503 927
山西				1 652 437	512 283	69	258 450	549 325	126 404
内蒙古				335 731	5 400		81 359	498	
辽宁				2 147 851	610 483	16	769 027	163 444	
吉林				318 147	1 043		148 090		
黑龙江				379 484			83 443		
上海				201 399	92 529	852	102 861	1 113	1 211
江苏				1 404 751	555 686	4 709	485 652	13 413	146 188
浙江				1 800 734	389 383	23 410	605 773		52 216
安徽				1 123 239	478 189	1 304	316 334	16 933	162 836
福建	37 808	148 565	264 579	1 119 055	246 334	3 827	127 623	27	198 677
江西				197 553	52 674	13 604	42 757		20 259
山东				5 336 887	2 384 381	3 697	1 050 223	981 121	162 890
河南				3 252 953	1 106 148	344 323	552 024	405 960	542 599
湖北				1 017 146	674 194	19 471	204 864	32 127	58 261
湖南				548 206	127 495	48 944	132 291	24 723	19 138
广东	821 022	1 059 054	674 909	1 774 129	87 183				137 944
广西	30 483	530 614	504 080	2 625 843	212 557	2 838	318 859	22 416	737 551
海南	342 721	146 941	42 370	155 145					
重庆		269	9 600	424 850	101 532	10 854	62 757	5 428	13 733
四川		5 987	20 623	1 926 588	450 770	132 142	249 751	14 614	48 152
贵州		348	447	423 854	122 046	17 640	86 969	1 844	14 596
云南	55 061	15 100	9 685	1 399 235	219 003	866	543 478	14 235	65 236
西藏				3 626	2 636		423		
陕西				3 461 623	640 733	822 886	464 710	678 978	332 894
甘肃				773 117	196 904	496	227 891	131 114	19 976
青海					809		103		
宁夏				301 158	30 363		146 925	71 250	
新疆				5 596 267	125 073		2 090 508	1 453 977	

各地区果园面积（一）

单位：千公顷

地　　区	年末果园面　　积	比上年增减（%）	苹　果	梨	柑　橘
全国总计	**12 139.9**	**2.61**	**2 231.3**	**1 088.6**	**2 306.3**
北　　京	62.5	-1.56	7.8	9.1	
天　　津	33.7	2.56	4.7	4.1	
河　　北	1 051.8	0.42	235.7	194.0	
山　　西	342.4	6.14	150.7	35.1	
内 蒙 古	70.9	6.11	18.1	7.5	
辽　　宁	368.5	2.40	139.0	98.8	
吉　　林	53.8	-2.73	13.6	13.7	
黑 龙 江	35.3	1.00	11.6	4.0	
上　　海	21.3	2.13	…	1.9	7.3
江　　苏	209.8	3.36	34.3	39.4	3.5
浙　　江	321.5	0.18		23.7	109.4
安　　徽	116.5	5.87	15.5	37.3	3.0
福　　建	534.9	0.71	…	22.0	179.6
江　　西	392.8	2.94		27.1	317.3
山　　东	596.3	0.73	279.6	42.5	
河　　南	466.7	0.25	178.8	52.0	11.0
湖　　北	400.7	0.48	2.0	37.3	243.6
湖　　南	546.0	1.64		33.3	400.0
广　　东	1 100.2	0.33		7.8	254.7
广　　西	997.2	2.81		21.3	217.1
海　　南	179.8	-1.67			5.3
重　　庆	282.2	6.58	1.0	34.9	161.4
四　　川	608.2	4.70	32.9	83.3	271.6
贵　　州	193.0	14.16	9.6	48.1	45.0
云　　南	392.5	12.63	40.6	52.2	39.5
西　　藏	2.0	-6.05	1.3	0.1	…
陕　　西	1 160.2	3.47	645.2	48.6	36.7
甘　　肃	446.9	3.94	283.9	36.3	0.3
青　　海	6.8	35.49	1.7	0.9	
宁　　夏	130.3	4.28	39.8	2.0	
新　　疆	1 015.2	2.51	83.9	70.2	

各地区果园面积（二）

单位：千公顷

地区	年末果园面积					
	香蕉	菠萝	荔枝	桃	猕猴桃	葡萄
全国总计	**394.7**	**60.0**	**546.2**	**745.9**	**138.5**	**665.6**
北京				20.0		3.2
天津		3.9		5.1		
河北				82.0	0.1	76.8
山西				18.8		10.0
内蒙古				0.1		8.2
辽宁				22.2		35.3
吉林				0.2		12.3
黑龙江						4.0
上海				5.9	0.2	5.0
江苏				37.8	0.7	31.2
浙江				26.2	4.5	25.5
安徽				30.5	0.3	13.5
福建	27.2	3.3	30.8	26.1	0.5	6.9
江西				9.7	2.5	4.2
山东				100.2	0.5	37.5
河南				76.3	10.2	29.6
湖北				53.9	5.8	10.2
湖南				28.9	9.7	22.3
广东	125.3	29.8	273.5	6.9		
广西	87.1	3.4	211.5	24.1	0.5	24.5
海南	60.9	15.7	22.9			
重庆	0.1		0.2	11.1	6.8	6.3
四川	1.4		3.8	47.2	28.8	24.9
贵州	1.5		0.4	25.9	9.4	13.3
云南	91.3	4.0	3.1	29.0	0.4	27.1
西藏				0.1		…
陕西				30.9	57.6	35.2
甘肃				12.3		26.0
青海						0.1
宁夏				2.0		29.2
新疆				12.7		143.3

全国热带、亚热带作物面积和产量

单位：千公顷

指　　标	全国总计	福建	广东	广西	海南	云南
橡胶（按干胶片计算产量）						
年末实有面积	1 130.37		44.76	3.53	525.72	556.36
当年新植	48.10		2.11	0.09	27.56	18.35
收获面积	650.85		27.36	1.02	372.93	249.54
产量（吨）	802 255		17 134	225	395 052	389 844
咖啡豆（按干咖啡豆计算产量）						
年末实有面积	92.83				0.53	92.30
当年新植	30.81				0.16	30.65
收获面积	37.77				0.15	37.62
产量（吨）	92 064				280	91 784
椰子（按果实计算产量）						
年末实有面积	37.72		0.16		37.51	0.05
当年新植	0.30		…		0.28	
收获面积	29.21		0.13		29.03	0.05
产量（万个）	24 291		91		24 155	45
腰果（按干果计算产量）						
年末实有面积	0.18				0.18	
当年新植						
收获面积	0.16				0.16	
产量（吨）	234				234	
香料作物（折香料油）						
年末实有面积	5.03				0.1	4.98
当年新植	0.57				0.01	0.56
收获面积	4.02				0.03	3.99
产量（吨）	761				68	693
香茅草						
年末实有面积	3.61					3.61
当年新植	0.56					0.56
收获面积	3.16					3.16
产量（吨）	432					432
剑（番）麻（折纤维）						
年末实有面积	32.59		5.67	25.29	1.37	0.26
当年新植	1.04		0.42	0.62	…	
收获面积	24.01		5.14	17.64	1.23	
产量（吨）	104 722		31 946	67 381	5 395	

全国花卉产销情况

类型	销售量		种植面积（公顷）	销售额（万元）	出口额（万美元）
	单位	数量			
合计			**1 120 276.1**	**12 077 146.5**	**53 265.1**
鲜切花类	万枝	2 129 795.5	59 381.8	1 354 098.4	27 907.1
鲜切花	万枝	1 827 148.4	47 802.3	1 215 562.2	24 454.1
鲜切叶	万枝	203 270.4	7 409.2	86 562.1	3 088.6
鲜切枝	万枝	99 376.7	4 170.4	51 974.2	364.4
盆栽植物类	万盆	612 716.0	99 775.1	2 677 168.6	10 526.2
盆栽植物	万盆	239 097.9	57 053.5	1 733 769.2	7 216.3
盆景	万盆	57 671.3	16 294.8	501 705.1	3 287.8
花坛植物	万盆	315 946.8	26 426.9	441 694.4	22.1
观赏苗木	万株	1 425 844.4	637 723.4	6 159 261.1	4 817.3
食用与药用花卉	千克	142 000 346.1	205 769.6	1 018 131.5	186.5
工业及其他用途花卉	吨	7 841 926.7	58 816.1	290 922.7	4 490.0
草坪	万平方米	101 512.1	38 442.9	220 736.6	
种子用花卉	千克	696 761.7	5 112.3	33 876.9	291.1
种苗用花卉	万株	253 589.1	10 722.8	224 802.2	3 671.0
种球用花卉	万粒	94 992.4	4 470.6	83 350.6	107.0
干燥花			61.5	14 798.0	1 268.9

注：食用与药用花卉计算干重；工业及其他用途花卉计算鲜重。

全国花卉保护地栽培情况

单位：万平方米

项目	合计	温室	节能日光温室	大（中、小）棚	遮阴棚
面积	106 445.8	28 112.1	17 249.5	46 831.9	31 501.79

全国花卉经营实体

项　目	单　位	2012 年	2011 年	2012 年比 2011 年增减	
				绝对量	%
花卉市场	个	3 276	3 178	98	3.08
花卉企业	个	68 878	66 487	2 391	3.60
大中型企业	个	14 189	12 641	1 548	12.25
花农	户	1 752 395	1 649 980	102 415	6.21
从业人员	人	4 935 268	4 676 991	258 277	5.52
专业技术人员	人	241 407	195 180	46 227	23.68

注：花卉大中型企业是指种植面积在 3 公顷以上或年营业额在 500 万元以上的企业

全国主要花卉产销情况

品　种	种植面积（公顷）	销售量	销售额（万元）
主要鲜切花（万枝）	45 921.8	1 615 743.0	1 232 650.4
现代月季	13 869.8	470 999.6	298 324.2
香石竹	3 358.8	266 590.8	83 219.9
百合	9 104.6	193 144.1	522 484.0
唐菖蒲	3 327.4	48 136.1	31 130.3
菊花	7 184.8	252 467.2	106 102.1
非洲菊	5 377.9	332 885.3	130 428.0
主要盆栽植物（万盆）	42 906.9	215 909.7	3 227 036.3
凤梨类	6 019.8	20 080.9	222 674.5
兰花类	12 015.3	65 772.6	1 462 814.5
花烛属类	3 117.3	10 975.4	87 603.1
观叶芋类	5 575.4	12 652.2	122 253.2
杜鹃花类	1 194.7	3 862.0	44 540.9
中国兰花	1 721.4	28 397.9	849 874.9
蝴蝶兰类	508.6	4 024.2	91 761.4
主要盆景（万盆）	4 017.7	26 976.5	81 350.3
球根花卉（万盆）	773.8	7 977.3	15 315.5

三、畜 牧 业

全国主要畜产品生产情况

指标	单位	2012 年	2001 年	2012 年比 2011 年增减	
				绝对数	%
大牲畜年末存栏	万头	11 891.8	11 966.2	-74.4	-0.62
牛	万头	10 343.4	10 360.5	-17.1	-0.16
马	万匹	633.5	670.9	-37.4	-5.57
驴	万头	636.1	647.8	-11.7	-1.80
骡	万头	249.2	259.8	-10.6	-4.07
骆驼	万峰	29.5	27.3	2.2	8.14
猪年末存栏	万头	47 592.2	46 862.7	729.5	1.56
能繁母猪	万头	5 043.2	4 921.1	122.1	2.48
羊年末存栏	万只	28 504.1	28 235.8	268.3	0.95
山羊	万只	14 136.1	14 274.2	-138.1	-0.97
绵羊	万只	14 368.0	13 961.5	406.5	2.91
家禽	亿只	58.0	55.5	2.5	4.50
猪出栏	万头	69 789.5	66 170.3	3 619.2	5.47
牛出栏	万头	4 760.9	4 670.7	90.2	1.93
羊出栏	万只	27 099.6	26 661.6	438.0	1.64
家禽出栏	亿只	120.8	113.3	7.5	6.62
肉类总产量	万吨	8 387.2	7 957.8	429.4	5.40
猪牛羊肉	万吨	6 406.0	6 093.7	312.3	5.12
猪肉	万吨	5 342.7	5 053.1	289.6	5.73
牛肉	万吨	662.3	647.5	14.8	2.29
羊肉	万吨	401.0	393.1	7.9	2.01
奶类	万吨	3 868.7	3 810.7	58.0	1.52
牛奶	万吨	3 743.6	3 657.8	85.7	2.34
绵羊毛	吨	400 057.0	393 072.2	6 984.8	1.78
细羊毛	吨	125 709.0	132 835.7	-7 126.7	-5.37
半细羊毛	吨	131 983.0	120 118.7	11 864.3	9.88
山羊毛	吨	43 924.0	44 047.0	-123.0	-0.28
禽蛋	万吨	2 861.2	2 811.4	49.8	1.77
蜂蜜	万吨	44.8	43.1	1.7	3.91

四、饲料工业

各地区饲料生产情况

地　　区	饲料总产量（万吨）			
		配合饲料	浓缩饲料	添加剂预混合饲料
全国总计	**19 448.53**	**16 362.62**	**2 466.51**	**619.40**
北　京	339.25	250.10	27.74	61.41
天　津	273.29	177.56	66.98	28.75
河　北	1 184.91	1 002.22	168.68	14.00
山　西	305.41	204.14	95.62	5.65
内蒙古	313.17	214.50	92.96	5.71
辽　宁	1 326.28	949.33	356.25	20.70
吉　林	481.72	323.89	153.01	4.82
黑龙江	705.60	356.11	322.88	26.61
上　海	154.53	117.99	13.82	22.72
江　苏	928.99	868.18	28.99	31.82
浙　江	575.44	553.12	5.63	16.69
安　徽	505.36	447.94	43.56	13.86
福　建	737.80	689.57	18.64	29.59
江　西	587.28	491.86	51.61	43.81
山　东	2 153.73	1 985.06	108.51	60.17
河　南	1 320.57	1 078.83	204.86	36.88
湖　北	555.68	513.25	29.98	12.44
湖　南	1 045.40	915.70	76.94	52.76
广　东	2 331.50	2 243.33	36.22	51.95
广　西	913.57	877.30	26.17	10.11
海　南	205.27	200.41	0.60	4.27
重　庆	200.96	156.39	36.26	8.31
四　川	1 001.85	871.36	102.15	28.34
贵　州	77.46	45.21	32.01	0.24
云　南	392.41	289.54	98.01	4.86
西　藏				
陕　西	446.74	257.95	171.64	17.15
甘　肃	147.26	92.16	54.27	0.83
青　海	10.06	9.91	0.01	0.14
宁　夏	71.03	43.37	26.09	1.57
新　疆	156.00	136.33	16.43	3.24

各地区配合饲料生产情况

单位：万吨

地　　区	配合饲料	猪饲料	蛋禽饲料	肉禽饲料	水产饲料	精料补充料	其他饲料
全国总计	**16 362.62**	**5 991.41**	**2 603.79**	**5 115.50**	**1 856.58**	**531.84**	**263.50**
北　　京	250.10	54.24	24.70	135.80	13.98	7.38	14.00
天　　津	177.56	43.98	14.93	49.41	42.96	21.82	4.46
河　　北	1 002.22	174.15	586.03	111.73	60.33	60.42	9.56
山　　西	204.14	55.81	63.02	65.11	0.36	19.56	0.28
内 蒙 古	214.50	21.29	40.78	28.41	1.76	112.97	9.29
辽　　宁	949.33	187.58	330.85	296.48	63.85	38.99	31.59
吉　　林	323.89	59.84	109.28	81.02	6.25	17.78	49.73
黑 龙 江	356.11	124.41	66.15	54.24	18.23	66.13	26.94
上　　海	117.99	33.79	39.82	32.79	5.97	5.08	0.54
江　　苏	868.18	190.78	118.41	261.70	275.77	10.15	11.37
浙　　江	553.12	262.91	59.44	106.71	114.90	2.65	6.52
安　　徽	447.94	99.57	85.92	240.60	18.69	0.63	2.53
福　　建	689.57	318.97	64.59	197.08	101.10		7.83
江　　西	491.86	335.67	44.71	58.29	51.48	0.80	0.90
山　　东	1 985.06	479.30	132.06	1 230.22	49.50	51.06	42.91
河　　南	1 078.83	537.54	156.73	325.33	43.47	8.96	6.79
湖　　北	513.25	204.82	63.21	60.83	183.88	0.07	0.44
湖　　南	915.70	589.40	71.05	138.69	115.36	0.07	1.13
广　　东	2 243.33	880.31	149.16	783.82	415.30	1.94	12.80
广　　西	877.30	420.45	51.26	349.84	55.51	0.10	0.13
海　　南	200.41	78.00	16.78	67.52	37.80		0.31
重　　庆	156.39	73.15	29.11	41.29	9.64	1.30	1.89
四　　川	871.36	472.70	113.16	194.18	73.33	10.99	7.01
贵　　州	45.21	19.72	4.92	14.93	3.42	1.92	0.29
云　　南	289.54	81.10	57.51	103.68	44.30	0.99	1.97
西　　藏							
陕　　西	257.95	123.62	54.66	29.01	27.39	14.73	8.54
甘　　肃	92.16	37.51	18.34	11.33	2.48	20.44	2.07
青　　海	9.91	5.19	…	…		4.71	
宁　　夏	43.37	6.39	5.20	4.83	6.48	20.48	
新　　疆	136.33	19.21	32.02	40.60	13.11	29.71	1.68

各地区浓缩饲料生产情况

单位：万吨

地　　区	浓缩饲料	猪饲料	蛋禽饲料	肉禽饲料	水产饲料	反刍动物饲料	其他饲料
全国总计	**2 466.51**	**1 381.55**	**491.07**	**343.31**	**9.79**	**214.14**	**26.64**
北　　京	27.74	25.61	0.30	…		1.70	0.12
天　　津	66.98	49.47	6.37	3.01	0.44	7.61	0.09
河　　北	168.68	53.81	82.06	15.72		14.84	2.26
山　　西	95.62	50.60	32.82	6.52	0.04	5.62	0.03
内 蒙 古	92.96	27.05	13.34	1.46	0.07	50.63	0.41
辽　　宁	356.25	130.73	94.97	115.24	2.03	10.65	2.62
吉　　林	153.01	85.20	20.87	34.57	0.58	11.47	0.33
黑 龙 江	322.88	119.30	72.62	63.73		55.81	11.42
上　　海	13.82	12.13	0.01	0.03		1.65	0.01
江　　苏	28.99	27.41	0.58	0.43	…	0.24	0.34
浙　　江	5.63	5.32	0.03	0.01	0.27		…
安　　徽	43.56	22.67	9.74	9.36	0.18	0.82	0.79
福　　建	18.64	18.18	…		0.03	0.37	0.05
江　　西	51.61	38.71	1.15	10.74	0.50	0.51	…
山　　东	108.51	88.99	10.58	2.18	0.83	4.52	1.41
河　　南	204.86	128.65	48.72	23.99		2.95	0.54
湖　　北	29.98	23.64	2.81	3.21	0.33		
湖　　南	76.94	70.05	1.90	4.57		0.05	0.38
广　　东	36.22	31.81	0.11	2.46	0.55		1.29
广　　西	26.17	22.58	0.34	3.22	…	0.02	0.01
海　　南	0.60	0.20	0.16	0.23			
重　　庆	36.26	28.25	7.91	0.02		0.07	
四　　川	102.15	100.38	1.42	0.16	…	0.17	0.02
贵　　州	32.01	29.61	0.44	0.87		0.02	1.08
云　　南	98.01	88.02	2.99	6.32	0.36	0.22	0.10
西　　藏							
陕　　西	171.64	62.91	54.22	22.93	0.35	28.31	2.92
甘　　肃	54.27	26.04	15.17	5.91	0.02	6.73	0.40
青　　海	0.01	…				…	
宁　　夏	26.09	7.16	4.12	4.47	3.15	7.19	
新　　疆	16.43	7.09	5.32	1.97	0.04	1.98	0.02

各地区添加剂预混合饲料生产情况

单位：万吨

地区	添加剂预混合饲料	猪饲料	蛋禽饲料	肉禽饲料	水产饲料	反刍动物饲料	其他饲料
全国总计	**619.40**	**348.64**	**134.32**	**54.93**	**25.92**	**29.07**	**26.52**
北京	61.41	32.90	17.13	1.32	3.33	5.04	1.69
天津	28.75	12.72	9.66	0.79	0.44	2.31	2.84
河北	14.00	5.03	6.15	0.99	0.16	1.08	0.59
山西	5.65	1.67	2.27	0.65	0.03	1.04	…
内蒙古	5.71	1.16	0.24	0.26	0.03	2.53	1.50
辽宁	20.70	9.91	6.77	1.53	0.42	0.62	1.45
吉林	4.82	1.66	1.55	1.61			
黑龙江	26.61	10.91	6.13	4.25	0.09	3.63	1.61
上海	22.72	13.10	3.51	1.47	0.30	1.59	2.74
江苏	31.82	13.67	12.69	2.99	1.25	0.57	0.64
浙江	16.69	10.09	2.02	1.23	1.34	…	2.00
安徽	13.86	7.38	2.94	2.17	0.01	0.79	0.57
福建	29.59	26.64	0.56	0.95	1.07	0.05	0.32
江西	43.81	29.40	7.37	5.39	0.65	0.65	0.36
山东	60.17	20.05	29.90	6.67	0.64	0.71	2.20
河南	36.88	18.78	9.56	3.83		4.70	0.01
湖北	12.44	7.50	2.89	0.80	1.24		
湖南	52.76	40.76	2.38	8.00	0.14	0.05	1.44
广东	51.95	37.53	1.41	3.60	5.80	…	3.60
广西	10.11	8.15	0.40	1.32	0.19	0.01	0.04
海南	4.27	0.52	0.62	0.71	2.42		
重庆	8.31	8.16	0.06	0.02	0.01	0.05	…
四川	28.34	19.47	1.98	1.27	4.99	0.34	0.30
贵州	0.24	0.24					
云南	4.86	2.72	0.68	1.11	0.19	0.07	0.08
西藏							
陕西	17.15	6.56	4.40	1.44	1.03	1.39	2.33
甘肃	0.83	0.30	0.14	0.14		0.24	0.02
青海	0.14	0.01		…		0.13	
宁夏	1.57	0.53	0.31	0.22		0.51	
新疆	3.24	1.10	0.59	0.21	0.16	0.98	0.20

五、渔　业

各地区渔业乡、村及渔业人口

地　区	渔业乡（个）	渔业村（个）	渔业户（户）	渔业人口（人）	传统渔民
全国总计	**939**	**8 776**	**5 188 813**	**20 738 071**	**7 235 753**
北　京	17	59	6 697	26 895	11 149
天　津		7	15 989	57 440	16 198
河　北	39	263	67 671	287 601	156 936
山　西			1 640	7 752	
内蒙古	4	32	8 045	43 179	6 966
辽　宁	132	700	203 530	800 998	439 635
吉　林	1	3	26 463	91 648	733
黑龙江			59 765	229 847	183 870
上　海		21	11 327	43 905	13 230
江　苏	50	492	361 533	1 535 731	473 327
浙　江	85	793	340 180	1 124 080	464 024
安　徽	12	197	212 062	893 736	309 386
福　建	52	615	433 038	1 757 682	916 076
江　西	28	365	338 198	1 550 695	334 821
山　东	101	1 346	483 990	1 810 468	676 033
河　南	28	593	143 392	574 275	37 043
湖　北	51	889	529 922	1 853 592	798 900
湖　南	5	275	278 917	1 251 652	190 139
广　东	79	923	521 866	2 401 481	1 105 716
广　西	6	209	233 709	1 021 622	336 626
海　南	29	436	94 092	485 607	267 567
重　庆	0	10	163 913	527 067	119 458
四　川	34	168	483 321	1 658 942	224 226
贵　州	17	34	67 457	252 319	45 787
云　南		13	73 125	334 566	86 853
西　藏		2	91	290	141
陕　西	168	326	18 534	63 784	13 203
甘　肃			2 266	9 752	1 509
青　海				816	
宁　夏			4 030	21 237	
新　疆	1	5	4 050	19 412	6 201

各地区渔业从业人员

单位：人

地　区	从业人员	专业从业人　员	捕　捞	养　殖	其　他
全国总计	**14 440 510**	**7 903 564**	**1 797 431**	**5 214 333**	**891 800**
北　京	18 964	11 067	627	8 344	2 096
天　津	39 628	21 865	5 088	15 680	1 097
河　北	230 134	110 785	36 077	58 931	15 777
山　西	6 454	3 350	265	2 860	225
内蒙古	29 884	18 271	6 205	10 088	1 978
辽　宁	587 600	394 371	137 072	218 498	38 801
吉　林	66 932	18 025	3 934	12 760	1 331
黑龙江	136 843	97 490	24 372	63 382	9 736
上　海	28 489	25 680	7 760	17 126	794
江　苏	1 200 537	730 484	179 747	503 299	47 438
浙　江	812 480	512 669	177 506	215 380	119 783
安　徽	690 795	347 826	65 906	249 143	32 777
福　建	948 556	576 036	211 832	297 770	66 434
江　西	960 680	435 608	60 870	317 765	56 973
山　东	1 479 199	732 203	202 260	346 789	183 154
河　南	464 828	213 282	32 697	157 700	22 885
湖　北	1 277 308	894 632	87 552	759 648	47 432
湖　南	907 824	442 526	55 659	356 617	30 250
广　东	1 337 872	871 663	260 351	549 452	61 860
广　西	815 263	421 356	69 922	309 005	42 429
海　南	243 639	187 172	110 573	52 670	23 929
重　庆	386 356	194 649	12 030	168 145	14 474
四　川	1 153 399	383 114	25 059	309 003	49 052
贵　州	231 334	100 030	7 083	83 597	9 350
云　南	285 348	102 646	12 796	82 695	7 155
西　藏	141	141	141		
陕　西	57 048	31 844	1 748	27 326	2 770
甘　肃	8 915	3 249	400	2 775	74
青　海	816	256		256	
宁　夏	18 981	11 890	494	10 117	1 279
新　疆	14 263	9 384	1 405	7 512	467

沿海地区海洋渔业乡、村及渔业人口

地 区	渔业乡（个）	渔业村（个）	渔业户（户）	渔业人口（人）	传统渔民
全国总计	**391**	**3 759**	**1 565 862**	**6 078 081**	**3 162 186**
北 京					
天 津		6	3 164	11 797	7 264
河 北	12	83	39 242	153 419	116 612
辽 宁	83	399	139 793	560 784	317 448
上 海		6	1 000	12 574	4 909
江 苏	12	107	45 429	271 420	98 063
浙 江	75	579	225 763	691 391	324 034
福 建	51	587	357 411	1 428 484	818 372
山 东	67	874	289 660	1 188 146	402 658
广 东	67	623	323 035	1 055 463	719 572
广 西	5	110	64 801	310 900	87 620
海 南	19	385	76 564	393 703	265 634

沿海地区海洋渔业从业人员

地 区	从业人员	专业从业人员	捕 捞	养 殖	其 他
全国总计	**3 839 410**	**2 367 460**	**1 054 191**	**920 794**	**392 475**
北 京					
天 津	6 403	3 191	1 602	1 012	577
河 北	136 504	58 692	22 781	25 855	10 056
辽 宁	385 005	269 190	119 645	120 906	28 639
上 海	5 174	4 935	4 876		59
江 苏	188 152	109 022	58 603	42 336	8 083
浙 江	412 391	292 577	148 796	60 244	83 537
福 建	731 511	478 086	196 351	222 754	58 981
山 东	1 009 228	440 717	143 117	166 286	131 314
广 东	507 591	373 397	212 203	120 938	40 256
广 西	258 421	173 459	38 482	124 239	10 738
海 南	199 030	164 194	107 735	36 224	20 235

全国水产品产量增减情况

单位：吨

指　　标	2012 年	2011 年	2012 年比 2011 年增减	
			绝对数	增减%
水产品总产量	**59 076 760**	**56 032 090**	**3 044 670**	**5. 43**
海水产品	30 333 437	29 080 487	1 252 950	4. 31
淡水产品	28 743 323	26 951 603	1 791 720	6. 65
养殖产量	42 883 553	40 232 630	2 650 923	6. 59
海水养殖	16 438 105	15 513 292	924 813	5. 96
淡水养殖	26 445 448	24 719 338	1 726 110	6. 98
捕捞产量	16 193 207	15 799 460	393 747	2. 49
海洋捕捞	12 671 891	12 419 386	252 505	2. 03
远洋渔业	1 223 441	1 147 809	75 632	6. 59
淡水捕捞	2 297 875	2 232 265	65 610	2. 94
养殖产品中：				
鱼类	24 369 533	22 818 257	1 551 276	6. 80
甲壳类	3 592 588	3 291 589	300 999	9. 14
贝类	12 343 169	11 795 839	547 330	4. 64
藻类	1 772 689	1 609 046	163 643	10. 17
其他类	805 574	717 899	87 675	12. 21
捕捞产品中：				
鱼类	10 394 482	10 222 415	172 067	1. 68
甲壳类	2 551 297	2 415 261	136 036	5. 63
贝类	844 197	870 654	－26 457	－3. 04
藻类	25 764	27 406	－1 642	－5. 99
头足类	698 909	695 251	3 658	0. 53
其他类	455 117	420 664	34 453	8. 19

各地区水产品产量及增减情况（一）

单位：万吨

地　区	总产量	养殖产品	海水	淡水	捕捞产品	海洋	远洋	淡水
全国总计	**5 907.68**	**4 288.36**	**1 643.81**	**2 644.54**	**1 619.32**	**1 267.19**	**122.34**	**229.79**
北　京	6.38	5.04		5.04	1.34		0.96	0.38
天　津	36.50	32.63	1.43	31.20	3.88	1.65	1.08	1.15
河　北	116.32	81.30	38.21	43.09	35.02	25.26		9.76
山　西	4.12	4.01		4.01	0.11			0.11
内蒙古	13.16	10.04		10.04	3.11			3.11
辽　宁	478.63	347.70	263.56	84.14	130.92	107.93	17.84	5.16
吉　林	18.21	16.20		16.20	2.01			2.01
黑龙江	45.28	40.09		40.09	5.19			5.19
上　海	29.71	16.21		16.21	13.50	2.04	11.02	0.44
江　苏	493.74	402.33	90.50	311.84	91.41	56.61	1.38	33.42
浙　江	539.58	184.51	86.14	98.38	355.07	316.02	29.09	9.96
安　徽	207.49	175.14		175.14	32.35			32.35
福　建	628.68	406.12	332.66	73.46	222.56	192.72	21.23	8.62
江　西	237.00	210.51		210.51	26.49			26.49
山　东	841.89	578.13	436.24	141.89	263.76	236.33	13.50	13.93
河　南	71.72	67.56		67.56	4.16			4.16
湖　北	388.95	367.64		367.64	21.31			21.31
湖　南	221.44	210.94		210.94	10.50			10.50
广　东	789.50	619.83	275.74	344.09	169.67	151.05	5.56	13.06
广　西	303.87	223.86	97.73	126.12	80.01	66.66	0.40	12.95
海　南	172.73	59.66	21.61	38.05	113.07	110.93		2.14
重　庆	33.07	31.58		31.58	1.49			1.49
四　川	118.91	112.88		112.88	6.03			6.03
贵　州	13.47	12.04		12.04	1.43			1.43
云　南	40.12	37.29		37.29	2.83			2.83
西　藏	0.04	0.01		0.01	0.03			0.03
陕　西	10.54	10.07		10.07	0.48			0.48
甘　肃	1.33	1.33		1.33				
青　海	0.45	0.45		0.45	0.01			0.01
宁　夏	12.35	12.33		12.33	0.02			0.02
新　疆	12.17	10.90		10.90	1.27			1.27

各地区水产品产量及增减情况（二）

单位：吨

地　区	总产量	2012年比2011年增减绝对量						
		海水产品			捕捞产品			
			海水	淡水		淡水产品	远洋	淡水
全国总计	**3 044 670**	**2 650 923**	**924 813**	**1 726 110**	**393 747**	**252 505**	**75 632**	**65 610**
北　京	2 614	683		683	1 931		2 048	-117
天　津	12 894	10 192	980	9 212	2 702	-535	2 807	430
河　北	96 041	96 937	70 541	26 396	-896	809		-1 705
山　西	5 106	5 105		5 105	1			1
内蒙古	8 675	8 010		8 010	665			665
辽　宁	271 575	231 071	200 443	30 628	40 504	17 681	17 209	5 614
吉　林	9 284	9 245		9 245	39			39
黑龙江	33 155	35 412		35 412	-2 257			-2 257
上　海	9 818	2 038		2 038	7 780	-1 070	10 069	-1 219
江　苏	177 730	175 774	62 551	113 223	1 956	-2 023	3 446	533
浙　江	237 708	50 450	16 423	34 027	187 258	129 987	56 178	1 093
安　徽	79 433	75 229		75 229	4 204			4 204
福　建	249 441	208 720	165 106	43 614	40 721	10 590	28 760	1 371
江　西	197 307	176 739		176 739	20 568			20 568
山　东	280 657	290 861	227 668	63 193	-10 204	-21 123	6 989	3 930
河　南	62 480	59 270		59 270	3 210			3 210
湖　北	327 278	320 169		320 169	7 109			7 109
湖　南	215 023	206 446		206 446	8 577			8 577
广　东	269 672	227 884	101 616	126 268	41 788	57 842	-18 280	2 226
广　西	146 362	138 897	53 503	85 394	7 465	1 322	-128	6 271
海　南	124 895	65 508	25 982	39 526	59 387	59 025		362
重　庆	55 120	53 177		53 177	1 943			1 943
四　川	67 638	66 508		66 508	1 130			1 130
贵　州	25 873	25 285		25 285	588			588
云　南	58 800	54 595		54 595	4 205			4 205
西　藏	-12	22		22	-34			-34
陕　西	23 629	25 963		25 963	-2 334			-2 334
甘　肃	461	461		461				
青　海	1 227	1 230		1 230	-3			-3
宁　夏	18 116	18 098		18 098	18			18
新　疆	10 136	10 944		10 944	-808			-808

各地区淡水捕捞产量

（按类别分）

单位：吨

地　区	捕捞产量	鱼　类	甲壳类			贝　类	其　他
				虾	蟹		
全国总计	**2 297 875**	**1 636 016**	**343 906**	**282 625**	**61 281**	**280 775**	**37 142**
北　京	3 822	3 790	22	7	15		10
天　津	11 467	6 906	2 094	1 404	690	976	1 491
河　北	97 593	87 058	5 962	5 415	547	3 756	817
山　西	1 122	1 074	17	15	2		31
内蒙古	31 133	30 712	343	335	8		78
辽　宁	51 561	42 478	8 328	3 073	5 255	130	625
吉　林	20 126	19 493	350	323	27	258	25
黑龙江	51 946	51 093	495	495		356	2
上　海	4 443	4 135	52	52			256
江　苏	334 217	194 920	59 643	43 923	15 720	73 714	5 925
浙　江	99 603	59 194	8 306	6 958	1 348	29 594	2 505
安　徽	323 494	212 732	66 365	56 047	10 318	36 033	8 364
福　建	86 153	59 246	10 085	5 134	4 951	15 574	1 248
江　西	264 866	175 438	55 566	52 772	2 794	29 528	4 334
山　东	139 308	116 699	15 855	7 643	8 212	6 380	371
河　南	41 567	35 232	5 846	5 365	481	474	15
湖　北	213 080	133 540	60 660	55 806	4 854	15 528	3 352
湖　南	104 952	84 983	13 499	12 306	1 193	5 103	1 367
广　东	130 628	71 882	10 969	8 786	2 183	46 168	1 609
广　西	129 530	106 045	8 521	7 228	1 293	13 411	1 553
海　南	21 377	18 638	814	571	243	1 702	223
重　庆	14 898	13 548	918	743	175	391	41
四　川	60 321	55 188	4 158	3 622	536	686	289
贵　州	14 286	11 934	1 839	1 690	149	383	130
云　南	28 322	23 384	2 771	2 705	66	614	1 553
西　藏	335	263					72
陕　西	4 754	4 454	151	135	16	16	119
甘　肃							
青　海	60						60
宁　夏	218	218					
新　疆	12 693	11 739	277	72	205		677

注：捕捞产量中藻类36吨。

各地区淡水养殖产量（一）

（按品种分）

单位：吨

地　　区	养殖产量	鱼　类				
			草　鱼	鲢　鱼	鲤　鱼	鳙　鱼
全国总计	**26 445 448**	**23 341 134**	**4 781 698**	**3 687 751**	**2 896 957**	**2 851 419**
北　　京	50 440	50 222	13 175	4 325	15 208	2 876
天　　津	311 981	253 289	26 951	43 698	106 202	8 240
河　　北	430 948	397 083	68 501	75 351	150 835	33 140
山　　西	40 121	39 580	10 264	7 255	12 295	3 696
内 蒙 古	100 442	98 124	12 604	16 754	39 245	11 785
辽　　宁	841 416	755 274	81 399	110 841	309 275	58 689
吉　　林	161 974	161 036	15 197	43 078	41 214	30 086
黑 龙 江	400 894	396 431	31 264	82 126	163 543	35 197
上　　海	162 104	97 467	24 305	13 949	760	8 811
江　　苏	3 118 368	2 343 119	403 251	470 900	146 862	220 151
浙　　江	983 769	643 290	86 570	131 228	32 766	90 543
安　　徽	1 751 444	1 426 788	237 648	274 035	112 955	258 815
福　　建	734 598	628 204	150 011	64 397	49 114	58 208
江　　西	2 105 141	1 912 270	436 235	261 907	141 272	319 474
山　　东	1 418 883	1 323 277	232 132	22 726	345 799	126 698
河　　南	675 643	653 983	105 595	158 717	200 863	97 297
湖　　北	3 676 396	3 168 141	859 057	626 792	170 091	397 165
湖　　南	2 109 424	2 048 590	589 105	398 244	158 478	331 764
广　　东	3 440 941	3 079 516	674 709	219 550	122 518	356 030
广　　西	1 261 248	1 227 613	271 795	219 101	143 280	156 294
海　　南	380 536	369 982	8 988	7 656	5 930	7 181
重　　庆	315 822	314 158	72 063	78 961	31 474	29 815
四　　川	1 128 781	1 116 944	199 316	248 277	140 619	131 422
贵　　州	120 389	118 502	18 729	13 345	34 834	16 877
云　　南	372 878	371 477	61 773	38 544	96 477	29 688
西　　藏	65	65	10		16	
陕　　西	100 675	99 458	20 632	23 985	30 330	13 742
甘　　肃	13 340	13 262	3 349	1 634	4 490	572
青　　海	4 460	4 355	99	96	220	
宁　　夏	123 320	121 391	36 379	14 552	53 525	6 783
新　　疆	109 007	108 243	30 592	15 727	36 467	10 380

各地区淡水养殖产量（二）

（按品种分）

单位：吨

地　区	鱼　类						
	鲫　鱼	罗非鱼	鲟　鱼	鳗　鲡	鳟　鱼	鮰　鱼	鲶　鱼
全国总计	**2 450 450**	**1 552 733**	**55 184**	**212 464**	**25 901**	**224 132**	**408 750**
北　京	3 320	1 501	3 335		1 735	254	1 252
天　津	55 997	1 264				200	7 836
河　北	37 704	15 773	3 856		2 158	46	522
山　西	1 625	1 097	1 106		1 212	28	471
内蒙古	12 207	85			114	1	1 944
辽　宁	95 144	2 482	1 150		5 200	502	39 616
吉　林	16 963	27			163	65	2 847
黑龙江	61 309	118			384	60	4 042
上　海	35 469	38	57	109		127	162
江　苏	562 766	3 971	1 354	3 854		526	12 893
浙　江	79 673	1 759	3 267	1 789	149	3 326	2 547
安　徽	165 789	4 646	302	3 497		16 691	15 023
福　建	27 042	123 081	2 835	80 105	172	1 868	8 447
江　西	189 090	7 251	1 782	17 271	60	29 611	50 940
山　东	138 778	11 831	11 685		4 093	163	32 694
河　南	42 479	962	730		217	4 645	11 039
湖　北	398 605	3 860	8 110	160		45 060	34 162
湖　南	101 908	1 704	957		511	27 087	26 781
广　东	133 353	664 647	931	105 455	625	14 981	29 156
广　西	35 419	265 268	881		171	10 402	32 702
海　南	1 639	331 918	21	223			1 861
重　庆	67 986	3 093	918		354	7 436	4 761
四　川	131 779	3 757	5 792		1 019	53 364	75 303
贵　州	6 943	1 559	1 182		113	6 351	3 052
云　南	24 109	99 267	3 588	1	3 219	616	6 299
西　藏	5	4			30		
陕　西	5 027	656	700		558	404	777
甘　肃	941	29	420		581	1	31
青　海	160				2 580		
宁　夏	7 695		161			228	824
新　疆	9 526	1 085	64		483	89	766

各地区淡水养殖产量（三）

（按品种分）

单位：吨

地区	甲壳类	虾	罗氏沼虾	青虾	克氏原螯虾	南美白对虾
全国总计	**2 343 034**	**1 628 654**	**124 713**	**237 431**	**554 821**	**690 747**
北京	94	92				92
天津	57 816	56 607		175	17	56 415
河北	27 536	23 946		799		22 702
山西	92	62	1			60
内蒙古	431	103		103		
辽宁	75 175	3 764				3 684
吉林	934	202		192		
黑龙江	4 419	380				60
上海	63 885	48 855	4 139	645		44 071
江苏	693 007	366 494	67 625	107 330	83 711	107 308
浙江	147 746	138 984	10 923	19 310	4 963	102 855
安徽	242 241	137 022	2 650	45 731	85 704	2 822
福建	58 342	56 895	1 064	1 600	120	53 443
江西	97 852	83 385	595	23 731	58 387	672
山东	86 504	57 793	520	3 224	7 224	45 093
河南	13 208	11 296	704	2 481	7 500	611
湖北	446 830	331 295	1 444	25 113	302 179	2 559
湖南	17 110	10 734	470	4 365	1 999	242
广东	295 178	290 319	32 779	1 600	13	245 125
广西	5 919	5 202	1 507	727	266	2 173
海南	1 475	1 225				325
重庆	1 013	939			666	260
四川	2 761	2 474	130	114	1 993	90
贵州	108	68	21	2	11	1
云南	468	401	141	182	66	12
西藏						
陕西	64	32		2	2	
甘肃	76	8				
青海	105					
宁夏	1 929	3				3
新疆	716	74		5		69

各地区淡水养殖产量（四）

（按品种分）

单位：吨

地 区	甲壳类	贝 类				藻 类
	蟹		河 蚌	螺	蚬	
全国总计	**714 380**	**258 776**	**92 347**	**111 736**	**22 931**	**8 005**
北 京	2					
天 津	1 209					
河 北	3 590	30	25	5		
山 西	30					
内 蒙 古	328					1 887
辽 宁	71 411	19	19			
吉 林	732	4	4			
黑 龙 江	4 039					
上 海	15 030	173	170			
江 苏	326 513	48 536	12 772	30 593	4 906	650
浙 江	8 762	11 615	3 511	7 560	364	69
安 徽	105 219	50 527	28 117	20 318	1 303	
福 建	1 447	31 202	4 259	3 715	9 770	693
江 西	14 467	43 290	12 669	26 403	4 171	3 364
山 东	28 711	2 629	1 195	1 128	149	33
河 南	1 912	118	74	36	8	252
湖 北	115 535	25 595	20 014	5 276	305	
湖 南	6 376	18 124	8 183	7 492	1 155	
广 东	4 859	19 027	230	3 108	599	30
广 西	717	3 845	424	3 014	201	75
海 南	250	142		132		579
重 庆	74	69	2	67		
四 川	287	3 366	552	2 551		
贵 州	40	207	66	141		
云 南	67	190	43	147		373
西 藏						
陕 西	32	20	18	2		
甘 肃	68					
青 海	105					
宁 夏	1 926					
新 疆	642	48		48		

各地区淡水养殖产量（五）

（按品种分）

单位：吨

地区	其他类					观赏鱼（万尾）
		龟	鳖	蛙	珍珠（千克）	
全国总计	**494 499**	**32 826**	**331 424**	**83 331**	**2 548 441**	**210 077**
北京	124	26	60			32 427
天津	876	31	498			37 139
河北	6 299	3	5 184			5 967
山西	449		449			625
内蒙古						11
辽宁	10 948	5		10 943		
吉林						7 007
黑龙江	44			42		
上海	579	100	361	45		12 715
江苏	33 056	1 641	27 164	1 615	331 000	16 878
浙江	181 049	12 380	155 312	8 183	1 198	8 782
安徽	31 888	4 640	18 567	4 615	404 185	4 787
福建	16 157	627	6 519	7 215	15 000	5 228
江西	48 365	3 649	20 821	22 747	997 000	5
山东	6 440		5 694			8 710
河南	8 082	49	7 994	39		25 324
湖北	35 830	2 493	31 626	1 460	251 000	265
湖南	25 600	2 103	9 670	8 657	549 058	174
广东	47 190	2 798	17 426	5 905		21 703
广西	23 796	2 095	19 516	686		15
海南	8 358	115	1 133	6 874		30
重庆	582	1	265	302		4 366
四川	5 710	64	1 164	3 958		6 431
贵州	1 572		1 539	33		57
云南	370	6	234	12		10 493
西藏						
陕西	1 133		226			409
甘肃	2		2			
青海						
宁夏						400
新疆						131

沿海地区海洋捕捞产量（一）

（按品种分）

单位：吨

地　区	海洋捕捞产量	鱼类					
			带鱼	鳀鱼	蓝圆鲹	鲐鱼	鲅鱼
全国总计	**12 671 891**	**8 758 466**	**1 096 694**	**824 153**	**580 982**	**509 546**	**459 274**
天　津	16 516	10 312	9	1 115		1 440	261
河　北	252 570	129 709	5 740	36 421		58	13 101
辽　宁	1 079 288	657 146	21 846	95 358		37 982	75 522
上　海	20 387	10 672	517			2	94
江　苏	566 085	335 060	57 322	2 685	50	18 819	8 324
浙　江	3 160 189	2 114 884	452 498	61 874	109 854	190 381	66 979
福　建	1 927 150	1 440 628	165 420	80 732	242 405	120 776	51 943
山　东	2 363 321	1 613 399	82 402	503 682		85 480	174 569
广　东	1 510 457	1 112 922	133 344	28 641	114 026	30 175	29 469
广　西	666 603	384 233	31 424		71 170	13 680	2 207
海　南	1 109 325	949 501	146 172	13 645	43 477	10 753	36 805

注：海洋捕捞产量不含远洋。

沿海地区海洋捕捞产量（二）

（按品种分）

单位：吨

地　区	鱼类						
	鲳鱼	小黄鱼	海鳗	金线鱼	沙丁鱼	石斑鱼	金枪鱼
全国总计	**341 304**	**400 615**	**363 028**	**332 192**	**131 963**	**97 074**	**41 608**
天　津		4 243					
河　北	1 777	6 107				50	
辽　宁	7 038	116 091	64	125	2 447	2 151	
上　海	166	155	348				
江　苏	36 704	35 413	8 358	358	1 575		
浙　江	103 629	103 370	86 460	3 306	24 540	1 193	4 487
福　建	58 178	9 104	66 928	10 444	12 087	17 165	3 414
山　东	24 841	87 306	18 536		6 628	473	
广　东	56 585	21 976	80 163	84 418	60 696	30 896	17 200
广　西	11 663		13 908	36 241	12 987	6 037	
海　南	40 723	16 850	88 263	197 300	11 003	39 109	16 507

沿海地区海洋捕捞产量（三）

（按品种分）

单位：吨

地　区	甲壳类	虾	毛　虾	对　虾	鹰爪虾	蟹	梭子蟹
全国总计	**2 207 391**	**1 560 129**	**568 540**	**131 369**	**305 951**	**647 262**	**400 348**
天　津	2 645	1 961	171	133		684	414
河　北	62 465	43 811	11 200	1 385	1 868	18 654	13 751
辽　宁	204 068	142 802	42 294	4 220	8 225	61 266	27 338
上　海	9 474	2 293		58	643	7 181	3 271
江　苏	127 183	49 409	22 712	3 091	10 410	77 774	66 238
浙　江	846 609	685 943	264 335	30 879	180 773	160 666	99 577
福　建	306 204	176 638	57 368	22 255	41 760	129 566	84 191
山　东	264 966	230 938	93 634	3 926	32 569	34 028	21 862
广　东	217 029	139 242	43 197	44 910	16 965	77 787	43 135
广　西	122 737	69 243	28 120	16 938	8 336	53 494	30 846
海　南	44 011	17 849	5 509	3 574	4 402	26 162	9 725

沿海地区海洋捕捞产量（四）

（按品种分）

单位：吨

地　区	贝　类	藻　类	头足类	鱿　鱼	章　鱼	其他类	海　蜇
全国总计	**563 422**	**25 728**	**698 909**	**385 845**	**124 117**	**417 975**	**206 885**
天　津	2 415		1 011	749	239	133	133
河　北	19 167		10 530	946	5 951	30 699	25 285
辽　宁	91 816	10	51 807	30 884	8 676	74 441	28 797
上　海			88	23	45	153	99
江　苏	54 868	1 280	19 030	11 574	4 702	28 664	17 404
浙　江	17 622	2 692	144 575	82 163	30 377	33 807	2 221
福　建	49 649	1 861	112 402	55 950	16 453	16 406	11 515
山　东	177 268	1 797	164 059	106 531	28 768	141 832	64 753
广　东	61 716	4 785	75 533	30 136	17 086	38 472	20 215
广　西	59 896		47 863	23 777	6 835	51 874	35 583
海　南	29 005	13 303	72 011	43 112	4 985	1 494	880

沿海地区海水养殖产量（一）

（按品种分）

单位：吨

地区	海水养殖产量	鱼类	鲈鱼	鲆鱼	大黄鱼	美国红鱼	石斑鱼
全国总计	**16 438 105**	**1 028 399**	**125 836**	**113 551**	**95 118**	**65 712**	**72 785**
天津	14 285	3 666	115	2 254		60	268
河北	382 061	12 173	70	4 116			
辽宁	2 635 627	57 823	1 620	35 235			
上海							
江苏	904 959	72 986	1 757	3 108			13
浙江	861 364	29 898	8 490	236	3 260	7 821	278
福建	3 326 595	213 271	18 302	3 341	83 505	13 585	18 844
山东	4 362 443	148 757	23 490	64 446	75	5 696	12
广东	2 757 362	399 414	59 912	815	8 278	31 535	35 039
广西	977 307	40 426	8 882			4 756	2 315
海南	216 102	49 985	3 198			2 259	16 016

沿海地区海水养殖产量（二）

（按品种分）

单位：吨

地区	鱼类					甲壳类	虾
	鲷鱼	军曹鱼	鰤鱼	河鲀	鲽鱼		
全国总计	**52 328**	**38 014**	**13 094**	**13 176**	**10 431**	**1 249 554**	**1 005 729**
天津	100			189	19	10 619	10 619
河北				2 106	477	19 513	17 866
辽宁			156	3 423	236	29 460	27 603
上海							
江苏	59			172	1 400	94 920	61 873
浙江	2 449		5	199	117	94 566	46 925
福建	22 561	587	3 375	1 388	465	134 302	80 671
山东				5 021	7 563	118 276	93 169
广东	18 380	24 415	8 677	625	154	412 654	361 558
广西	6 285	245				213 627	199 415
海南	2 494	12 767	881	53		121 617	106 030

沿海地区海水养殖产量（三）

（按品种分）

单位：吨

地　区	甲壳类						
	虾				蟹		
	南美白对虾	斑节对虾	中国对虾	日本对虾		梭子蟹	青　蟹
全国总计	**762 494**	**64 554**	**41 213**	**49 409**	**243 825**	**99 580**	**128 983**
天　津	10 594		5				
河　北	10 312		4 241	3 313	1 647	1 442	
辽　宁	11 911		11 767	2 504	1 857	1 285	
上　海							
江　苏	15 288	1 638	4 549	1 300	33 047	29 359	2 012
浙　江	31 188	1 111	1 440	1 143	47 641	21 083	26 038
福　建	58 635	5 902	3 550	9 677	53 631	22 089	27 472
山　东	51 571	2 050	7 151	25 980	25 107	21 234	350
广　东	294 865	39 639	8 510	5 318	51 096	3 008	43 576
广　西	175 152	11 688		174	14 212		14 212
海　南	102 978	2 526			15 587	80	15 323

沿海地区海水养殖产量（四）

（按品种分）

单位：吨

地　区	贝　类	牡　蛎	蛤	扇　贝	蛏	贻　贝	蚶
全国总计	**12 084 393**	**3 948 817**	**3 735 484**	**1 419 956**	**720 466**	**764 395**	**278 058**
天　津							
河　北	341 718	20	29 753	296 015		1 050	9 389
辽　宁	2 099 631	146 636	1 119 988	352 734	24 854	40 929	26 740
上　海							
江　苏	705 550	39 438	363 041		87 717	53 576	30 545
浙　江	682 269	148 687	60 532	350	218 377	77 054	108 072
福　建	2 249 568	1 476 422	299 329	6 159	205 899	73 503	43 634
山　东	3 398 061	669 534	1 320 698	674 034	159 409	422 189	5 407
广　东	1 863 087	1 027 268	310 778	88 474	23 105	86 723	50 646
广　西	720 525	439 295	220 646	2 140	1 105	9 371	2 878
海　南	23 984	1 517	10 719	50			747

沿海地区海水养殖产量（五）
（按品种分）

单位：吨

地　区	贝类			藻　类			
	螺	鲍	江　珧		海　带	裙带菜	麒麟菜
全国总计	**214 346**	**90 694**	**15 061**	**1 764 684**	**979 006**	**175 121**	**9 588**
天　津							
河　北	28						
辽　宁		5 309		325 575	195 717	129 858	
上　海							
江　苏	58 104			22 916	550		
浙　江	11 888	726		46 864	11 626	95	
福　建	3 784	65 247		708 858	532 300		
山　东	15 526	11 470		566 429	234 762	44 771	
广　东	88 339	7 317	15 061	73 866	4 051	397	3 000
广　西	34 630						
海　南	2 047	625		20 176			6 588

沿海地区海水养殖产量（六）
（按品种分）

单位：吨

地　区	藻　类		其他类				
	江　蓠	紫　菜		海　参	海　胆（千克）	海水珍珠（千克）	海　蜇
全国总计	**196 778**	**112 329**	**311 075**	**170 830**	**5 852 710**	**9 663**	**63 790**
天　津							
河　北			8 657	6 649			
辽　宁			123 138	64 512	142 550		42 602
上　海							
江　苏	1 268	21 026	8 587	523			4 673
浙　江	844	24 714	7 767	531			1 741
福　建	107 397	55 874	20 596	15 459	21 000		1 081
山　东	21 335	885	130 920	82 905	3 816 000		11 852
广　东	54 624	9 830	8 341	238	1 873 160	6 903	1 703
广　西			2 729	13		760	138
海　南	11 310		340			2 000	

各地区水产养殖面积

单位：公顷

地区	总面积	比上年增减	海水养殖	比上年增减	淡水养殖	比上年增减
全国总计	**8 088 403**	**253 453**	**2 180 927**	**74 545**	**5 907 476**	**178 908**
北京	4 364	-496			4 364	-496
天津	41 342	916	3 992	-118	37 350	1 034
河北	212 072	1 974	134 682	418	77 390	1 556
山西	15 046	-1 187			15 046	-1 187
内蒙古	116 949	5 355			116 949	5 355
辽宁	1 015 636	62 650	813 035	61 648	202 601	1 002
吉林	294 413	16 746			294 413	16 746
黑龙江	373 364	35 184			373 364	35 184
上海	22 027	-1 859			22 027	-1 859
江苏	771 180	1 778	199 352	-1 721	571 828	3 499
浙江	302 967	-1 046	89 747	-1 092	213 220	46
安徽	556 611	12 406			556 611	12 406
福建	242 819	5 091	145 486	3 171	97 333	1 920
江西	432 098	3 902			432 098	3 902
山东	803 437	20 502	523 705	11 579	279 732	8 923
河南	235 756	11 763			235 756	11 763
湖北	680 067	13 334			680 067	13 334
湖南	436 670	26 650			436 670	26 650
广东	575 210	1 296	201 834	-1 576	373 376	2 872
广西	229 096	3 377	53 249	1 037	175 847	2 340
海南	56 341	1 347	15 845	1 199	40 496	148
重庆	84 342	3 097			84 342	3 097
四川	192 803	4 380			192 803	4 380
贵州	49 325	16 753			49 325	16 753
云南	124 016	6 999			124 016	6 999
西藏	30	2			30	2
陕西	48 151	2 620			48 151	2 620
甘肃	13 306	596			13 306	596
青海	42 431	-			42 431	
宁夏	45 426	2 215			45 426	2 215
新疆	71 108	-2 892			71 108	-2 892

各地区淡水养殖面积

单位：公顷

地　区	按水域分					
	池　塘	湖　泊	水　库	河　沟	其　他	稻　田
全国总计	**2 566 859**	**1 024 785**	**1 911 468**	**274 817**	**129 547**	**1 294 919**
北　京	4 254	34			76	
天　津	31 725		3 555	473	1 597	10 000
河　北	29 629	4 141	41 729	1 497	394	2 557
山　西	2 435	2 163	10 235	35	178	273
内蒙古	17 838	41 291	53 722	4 098		2 063
辽　宁	47 173	200	103 915	1 900	49 413	92 035
吉　林	29 767	99 906	164 733	3	4	4 017
黑龙江	109 440	106 029	133 923	20 629	3 343	25 535
上　海	19 696	283		1 826	222	
江　苏	371 140	93 099	21 331	69 050	17 208	133 850
浙　江	71 592	2 738	95 784	36 653	6 453	78 512
安　徽	203 416	204 566	86 673	49 121	12 835	50 332
福　建	37 056	797	52 487	4 956	2 037	19 245
江　西	153 950	103 686	156 363	14 756	3 343	63 081
山　东	139 739	12 290	115 390	7 114	5 199	452
河　南	102 918	3 396	119 584	9 562	296	692
湖　北	367 512	196 168	109 434	4 647	2 306	185 829
湖　南	219 757	88 980	125 522	858	1 553	
广　东	279 147	2 319	79 984	2 190	9 736	2 334
广　西	78 197		88 178	7 101	2 371	43 284
海　南	23 061	306	16 903	21	205	
重　庆	47 813		27 980	7 914	635	40 063
四　川	100 290	4 281	69 112	18 987	133	299 418
贵　州	4 189	530	40 439	2 242	1 925	122 383
云　南	34 352	14 086	74 128	1 302	148	109 600
西　藏	30					
陕　西	11 535	7 470	26 708	1 883	555	220
甘　肃	2 029	1 187	9 940	3	147	
青　海	318	4 254	37 859			
宁　夏	16 044	27 660	1 292	430		9 144
新　疆	10 817	2 925	44 565	5 566	7 235	

沿海地区海水养殖面积

单位：公顷

地　区	海水养殖面积	按养殖水域分			按养殖方式分		
		海　上	滩　涂	其　他	普通网箱（平方米）	深水网箱（立方水体）	工厂化（立方水体）
全国总计	**2 180 927**	**1 216 714**	**691 322**	**272 891**	**39 831 261**	**4 379 017**	**19 243 855**
天　津	3 992			3 992			388 000
河　北	134 682	89 087	26 364	19 231			1 766 978
辽　宁	813 035	611 668	130 046	71 321	204 993	493 000	2 952 658
上　海							
江　苏	199 352	39 835	130 605	28 912	25 000	21 893	418 877
浙　江	89 747	16 596	45 002	28 149	1 328 150	653 408	127 835
福　建	145 486	68 715	53 246	23 525	29 480 552	285 140	5 660 178
山　东	523 705	310 996	191 405	21 304	1 443 571	2 056 054	7 120 127
广　东	201 834	60 068	84 949	56 817	5 505 834	684 394	426 126
广　西	53 249	16 628	19 632	16 989	454 094	113 416	
海　南	15 845	3 121	10 073	2 651	1 389 067	71 712	383 076

全国水产苗种增减情况

指　标	单　位	2012 年	2011 年	2012 年比 2011 年增减	
				绝对数	增减%
淡水鱼苗	亿尾	11 181	11 197	-15.8	-0.14
罗非鱼	亿尾	219	203	16.0	7.91
淡水鱼种	万吨	349	321	27.6	8.60
投放鱼种	万吨	382	359	22.8	6.35
河蟹育苗量	吨	842	817	25.1	3.08
扣蟹	吨	48 632	43 705	4 926.9	11.27
稚鳖	万只	62 137	51 922	10 215.2	19.67
稚龟	万只	6 881	6 240	640.5	10.26
鳗苗捕捞量	千克	23 333	23 198	135.0	0.58
海水鱼苗	万尾	489 142	453 840	35 301.6	7.78
大黄鱼	万尾	242 154	207 688	34 466.0	16.60
鲆鱼	万尾	27 293	25 208	2 085.4	8.27
虾类育苗量	亿尾	8 732	7 356	1 375.4	18.70
南美白对虾	亿尾	6 948	6 332	615.6	9.72
贝类育苗量	亿粒	13 499	12 854	644.5	5.01
鲍鱼	亿粒	75	60	14.2	23.44
海带育苗量	亿株	289	395	-105.2	-26.66
紫菜育苗量	亿贝壳	171	26	145.3	557.27
海参	亿头	584	470	113.9	24.24

各地区水产品加工（一）

地　区	水产加工企业		水产冷库			
	企业数（个）	加工能力（吨/年）	冷　库（座）	冻结能力（吨/日）	冷藏能力（吨/次）	制冰能力（吨/日）
全国总计	**9 706**	**26 380 416**	**8 835**	**588 946**	**4 515 020**	**245 369**
北　京	5	7 685	215	68	28 120	69
天　津	6	2 265	19	237	196 380	65
河　北	252	520 938	221	6 206	57 421	4 711
山　西						
内蒙古	39	7 200	32	350	2 289	237
辽　宁	903	2 779 116	846	68 708	647 740	18 860
吉　林	24	21 096	22	105	1 355	2
黑龙江	30	4 700	23	318	4 055	65
上　海	23	62 961	62	949	13 235	237
江　苏	1 028	1 577 814	1 133	29 794	163 577	20 482
浙　江	2 174	2 495 505	1 421	41 994	877 782	32 370
安　徽	111	200 804	347	11 715	37 763	724
福　建	1 129	3 576 237	770	14 868	389 719	20 555
江　西	178	228 905	144	1 871	18 451	3 383
山　东	1 941	8 379 983	2 122	280 917	1 506 316	98 746
河　南	76	59 012	61	1 024	7 861	454
湖　北	236	1 380 601	310	72 864	97 208	11 509
湖　南	117	335 447	248	16 348	42 389	1 962
广　东	1 130	2 592 573	539	20 262	285 993	15 232
广　西	191	1 084 914	51	2 475	90 723	3 028
海　南	42	713 410	150	4 427	33 767	12 338
重　庆	3	1 700	20	12 057	5 092	66
四　川	8	30 340	8	160	1 750	13
贵　州	13	2 100	9	21	215	19
云　南	40	301 300	20	418	2 551	238
西　藏						
陕　西			4	26	35	4
甘　肃						
青　海						
宁　夏	1	10 000	5	500	800	
新　疆	6	3 810	33	264	2 433	

各地区水产品加工（二）

单位：吨

地区	水产加工品总量	淡水加工	海水加工	水产冷冻品	冷冻品	冷冻加工品
全国总计	**19 073 913**	**3 439 881**	**15 634 032**	**11 749 664**	**5 633 597**	**6 116 067**
北京	2 004	2 004		1 980		1 980
天津	1 346	626	720	1 220	1 210	10
河北	141 550	12 639	128 911	49 339	28 125	21 214
山西						
内蒙古	8 418	8 418		5 967	5 497	470
辽宁	2 132 874	40 346	2 092 528	1 456 617	385 710	1 070 907
吉林	12 783	1 145	11 638	1 290	500	790
黑龙江	2 275	2 275		1 405	1 405	
上海	26 972	18 663	8 309	23 860	10 330	13 530
江苏	1 587 634	839 063	748 571	575 831	357 156	218 675
浙江	2 207 803	145 257	2 062 546	1 687 305	1 201 631	485 674
安徽	135 784	131 304	4 480	93 225	44 189	49 036
福建	2 905 173	159 941	2 745 232	1 373 341	784 595	588 746
江西	311 710	311 710		108 757	64 558	44 199
山东	5 946 635	139 144	5 807 491	3 930 981	1 744 683	2 186 298
河南	21 403	21 403		20 233	6 281	13 952
湖北	771 837	771 837		316 454	96 831	219 623
湖南	144 242	144 242		74 056	57 067	16 989
广东	1 456 988	376 789	1 080 199	939 380	378 810	560 570
广西	709 103	155 081	554 022	622 876	146 165	476 711
海南	523 202	134 177	389 025	445 916	314 139	131 777
重庆	163	163				
四川	2 859	2 859		1 103	133	970
贵州	1 034	1 034		245	159	86
云南	17 193	17 193		16 182	2 322	13 860
西藏						
陕西	480	120	360	480	480	
甘肃						
青海						
宁夏	167	167				
新疆	2 281	2 281		1 621	1 621	

各地区水产品加工（三）

单位：吨

地　区	水产加工品总量						
	鱼糜制品及干腌制品	鱼糜制品	干腌制品	藻类加工品	罐制品	水产饲料（鱼粉）	鱼油制品
全国总计	**2 734 370**	**1 171 552**	**1 562 818**	**1 013 879**	**355 387**	**1 952 634**	**60 208**
北　京							
天　津							
河　北	16 585	470	16 115		6 304	66 822	55
山　西							
内蒙古	104		104	1 887	460		
辽　宁	142 043	43 271	98 772	269 514	17 718	75 072	200
吉　林	11 493		11 493				
黑龙江	870	870					
上　海							
江　苏	72 050	26 875	45 175	25 546	58 229	831 531	
浙　江	245 934	100 270	145 664	22 363	43 417	178 731	5 845
安　徽	30 683	17 305	13 378		4 950		
福　建	622 893	316 701	306 192	369 181	55 028	300 288	28 690
江　西	160 461	64 095	96 366	1 367	10 094	18 084	520
山　东	668 802	276 707	392 095	310 434	67 981	381 647	22 119
河　南	925	395	530	242	3		
湖　北	420 851	186 544	234 307		32 216		
湖　南	58 160	15 758	42 402	87	3 309	6 257	1 200
广　东	217 718	105 822	111 896	3 309	54 430	91 382	709
广　西	32 693	13 532	19 161		386	2 820	870
海　南	28 706	1 073	27 633	9 580	90		
重　庆	163		163				
四　川	1 756	1 420	336				
贵　州	789	351	438				
云　南	131	93	38	369	505		
西　藏							
陕　西							
甘　肃							
青　海							
宁　夏					167		
新　疆	560		560		100		

各地区水产品加工（四）

单位：吨

地区	水产加工品总量			用于加工的水产品量	淡水产品	海水产品
	其他水产加工品	助剂和添加剂	珍珠（千克）			
全国总计	**1 207 771**	**74 241**	**168 759**	**21 358 082**	**5 108 055**	**16 250 027**
北京	24	24		2 355	2 355	
天津	126			1 370	630	740
河北	2 445			366 973	15 124	351 849
山西						
内蒙古				8 735	8 735	
辽宁	171 710	2 300	2	2 984 897	44 921	2 939 976
吉林				42 433	3 333	39 100
黑龙江				3 490	3 490	
上海	3 112			27 155	18 846	8 309
江苏	24 447	13	42	1 728 929	827 141	901 788
浙江	24 208	8 640	909	2 482 530	175 372	2 307 158
安徽	6 926		16 000	162 654	155 613	7 041
福建	155 752	6 816		3 509 497	185 080	3 324 417
江西	12 427	125	509	582 459	582 459	
山东	564 671	51 560		3 982 775	98 159	3 884 616
河南				51 679	51 679	
湖北	2 316	50	6 000	1 481 521	1 481 521	
湖南	1 173		139 791	162 958	162 958	
广东	150 060	216	5 506	2 064 048	588 043	1 476 005
广西	49 458	4 497		827 320	227 208	600 112
海南	38 910			829 563	420 647	408 916
重庆				892	892	
四川				4 095	4 095	
贵州				2 753	2 753	
云南				43 252	43 252	
西藏						
陕西				280	280	
甘肃						
青海						
宁夏				350	350	
新疆				3 119	3 119	

各地区渔船年末拥有量（一）

地　区	渔船合计		机动渔船			
	艘	总　吨	艘	海洋渔业	总　吨	海洋渔业
全国总计	**1 069 910**	**10 098 512**	**695 555**	**280 450**	**9 542 349**	**7 714 262**
北　京	273	4 494	30	10	4 461	4 386
天　津	4 640	37 682	4 039	565	37 420	35 358
河　北	17 420	238 427	13 202	9 700	236 128	226 302
山　西	321	680	237		622	
内蒙古	1 833	2 856	1 423		2 538	
辽　宁	46 961	758 500	44 058	41 920	754 313	746 368
吉　林	7 034	10 313	4 381		7 660	
黑龙江	17 410	19 285	11 647		16 014	
上　海	1 658	126 847	1 477	528	126 746	119 283
江　苏	256 775	1 270 578	131 106	11 456	985 840	292 220
浙　江	79 628	2 727 277	49 640	32 511	2 686 820	2 630 148
安　徽	57 322	375 583	31 294		319 381	
福　建	65 706	996 966	63 014	56 208	994 307	975 760
江　西	54 923	203 345	32 272		181 178	
山　东	107 207	1 090 275	65 304	36 081	1 061 661	941 961
河　南	10 647	22 256	4 578		16 742	
湖　北	106 173	167 527	50 685		115 236	
湖　南	59 921	113 809	42 666		90 755	
广　东	71 991	892 766	66 615	54 363	883 435	859 626
广　西	27 731	365 476	26 887	10 164	364 105	343 377
海　南	27 613	439 607	27 469	26 591	439 074	386 345
重　庆	6 552	19 313	5 637		18 582	
四　川	15 488	15 700	8 262		10 628	
贵　州	8 441	18 709	5 277		18 709	
云　南	11 653	12 693	1 475		3 718	
西　藏	73	46	7		12	
陕　西	2 173	9 726	1 276		8 978	
甘　肃	83	81	18		51	
青　海	172	693	172		693	
宁　夏	19	103	19		103	
新　疆	1 716	3 771	1 035		3 311	

注：全国总计包括中农发集团的数据。

各地区渔船年末拥有量（二）

地区	机动渔船		非机动渔船			
	千瓦	海洋渔业	艘	海洋渔业	总吨	海洋渔业
全国总计	**21 735 732**	**15 950 851**	**374 355**	**8 122**	**556 163**	**15 345**
北京	7 129	5 627	243		33	
天津	104 688	70 072	601		262	
河北	534 214	471 221	4 218		2 299	
山西	4 039		84		58	
内蒙古	18 866		410		318	
辽宁	1 575 586	1 554 658	2 903	823	4 187	1 259
吉林	46 927		2 653		2 653	
黑龙江	104 812		5 763		3 271	
上海	190 829	169 453	181		101	
江苏	3 169 760	739 796	125 669	324	284 738	472
浙江	4 558 649	4 383 403	29 988	1 399	40 457	2 264
安徽	430 082		26 028		56 202	
福建	2 408 140	2 323 163	2 692	2 402	2 659	2 419
江西	448 755		22 651		22 167	
山东	2 225 971	1 823 787	41 903		28 614	
河南	70 126		6 069		5 514	
湖北	421 328		55 488		52 291	
湖南	302 109		17 255		23 054	
广东	2 443 419	2 312 427	5 376	2 822	9 331	7 430
广西	865 265	634 663	844	212	1 371	1 001
海南	1 244 938	1 197 118	144	140	533	500
重庆	58 086		915		731	
四川	77 474		7 226		5 072	
贵州	81 296		3 164			
云南	22 972		10 178		8 975	
西藏	61		66		34	
陕西	32 006		897		748	
甘肃	569		65		30	
青海	3 755					
宁夏	1 628					
新疆	16 790		681		460	

六、乡镇企业

全国乡镇企业主要经济指标表（一）

单位：万个、万人、亿元

指 标	企业个数	年末人数	总产值	营业收入
总 计	**3 111.4**	**16 407.1**	**607 153.6**	**586 673.4**
一、按登记注册类型分组				
1. 内资企业小计	3 101.6	15 463.2	549 058.7	529 467.8
集体企业	13.1	345.1	13 333.3	13 710.4
股份合作企业	21.8	253.7	8 571.4	8 037.2
联营企业	9.5	101.5	2 380.9	1 891.1
有限责任公司	92.1	2 425.8	135 237.3	134 740.6
股份有限公司	14.9	416.1	31 904.6	30 730.3
私营企业	510.6	5 663.7	226 665.3	226 458.7
个体工商户	2 439.6	6 257.1	130 966.1	113 899.5
2. 港、澳、台商投资企业	5.8	537.9	27 618.9	26 948.1
3. 外商投资企业	4.0	406.0	30 476.0	30 257.5
二、按国民经济行业分组				
1. 农林牧渔业	19.6	223.3	6 190.4	6 146.1
2. 工业	319.9	7 155.7	382 378.6	372 073.1
采矿业	16.3	426.3	19 523.7	18 438.2
制造业	295.5	6 607.6	357 140.7	347 961.6
电力、燃气及水的生产和供应业	8.2	121.8	5 714.3	5 673.3
3. 建筑业	21.5	801.8	23 809.4	23 165.9
资质等级企业	6.1	375.5	9 047.6	8 982.7
4. 交通运输仓储业	54.4	294.3	9 999.9	10 401.0
5. 批发零售业	137.9	771.4	29 047.4	34 985.3
6. 住宿及餐饮业	51.2	426.3	9 047.6	9 455.5
餐饮业	28.2	223.3	4 285.7	4 255.0
7. 服务和娱乐业	38.3	253.7	8 095.2	8 509.9
8. 其他	28.9	223.3	7 619.0	8 037.2

注：1. 按国民经济行业分组中不含个体工商户。
2. 服务和娱乐业包括居民服务、其他服务业和娱乐业。

全国乡镇企业主要经济指标表（二）

单位：亿元

指　　标	利润总额	上缴税金	劳动者报酬
总　　计	**35 703.4**	**15 072.7**	**29 281.8**
一、按登记注册类型分组			
1. 内资企业小计	32 656.8	13 478.2	26 540.0
集体企业	768.1	361.3	635.8
股份合作企业	409.6	211.8	437.1
联营企业	102.4	49.8	139.1
有限责任公司	7 117.3	3 787.1	5 046.5
股份有限公司	1 664.1	921.9	1 092.7
私营企业	12 493.8	5 531.2	9 775.0
个体工商户	10 101.5	2 615.1	9 413.8
2. 港、澳、台商投资企业	1 459.3	772.4	1 390.8
3. 外商投资企业	1 587.3	822.2	1 351.0
二、按国民经济行业分组			
1. 农林牧渔业	409.6	124.6	298.0
2. 工业	19 815.9	9 692.0	14 603.0
采矿业	1 484.9	759.9	834.5
制造业	17 921.4	8 745.3	13 450.6
电力、燃气及水的生产和供应业	409.6	186.9	317.9
3. 建筑业	1 228.9	685.2	1 668.9
资质等级企业	486.4	261.6	715.2
4. 交通运输仓储业	640.0	286.5	556.3
5. 批发零售业	1 740.9	809.7	1 251.7
6. 住宿及餐饮业	665.7	311.4	635.8
餐饮业	307.2	137.0	298.0
7. 服务和娱乐业	537.6	261.6	457.0
8. 其他	563.2	286.5	397.4

各地区乡镇企业单位数（一）

单位：个

地　　区	合　计	农林牧渔业	工业企业	建筑业	交通运输仓储业
全国总计	**6 717 796**	**196 180**	**3 199 021**	**215 172**	**544 354**
北　　京	19 851	349	11 636	817	1 186
天　　津	39 410		39 410		
河　　北	188 408	4 228	112 689	7 548	6 818
山　　西	117 890	6 388	37 740	5 124	8 352
内 蒙 古	176 101	4 800	29 596	2 976	8 577
辽　　宁	177 732		43 656	3 211	37 452
吉　　林	63 422	5 037	25 102	1 572	12 101
黑 龙 江	64 338	1 105	25 687	2 820	7 132
上　　海	25 910		25 910		
江　　苏	739 631	3 908	390 641	11 029	56 505
浙　　江	869 512	2 428	573 117	5 581	48 551
安　　徽	265 019	5 369	224 255	16 658	4 329
福　　建	250 411	10 934	112 545	8 254	15 414
江　　西	183 268	11 827	72 310	10 841	13 247
山　　东	765 976	14 614	381 023	23 443	39 415
河　　南	276 962	29 971	147 223	12 738	11 143
湖　　北	310 157	8 440	99 559	11 777	33 864
湖　　南	875 025	46 514	332 711	44 092	132 794
广　　东	393 254	7 399	186 546	10 250	15 714
广　　西	357 157	5 179	89 907	8 573	56 192
海　　南	15 620	1 960	3 904	744	710
重　　庆	77 930	4 291	28 451	5 655	4 970
四　　川	227 109	8 674	79 558	6 536	17 848
贵　　州					
云　　南	35 084	1 480	17 817	1 286	826
西　　藏					
陕　　西	122 566	8 189	76 138	8 768	1 362
甘　　肃	40 697	1 383	16 981	3 593	2 932
青　　海	6 895	102	3 115	216	229
宁　　夏	18 973	397	5 304	662	5 639
新　　疆	13 488	1 214	6 490	408	1 052

注：各地区乡镇企业主要经济指标数据不含个体工商户（下同）。

各地区乡镇企业单位数（二）

单位：个

地区	批发零售业	住宿及餐饮业	社会服务业	其他企业
全国总计	**1 379 185**	**512 138**	**382 646**	**289 100**
北京	2 969	836	1 749	309
天津				
河北	30 476	10 319	11 665	4 665
山西	34 464	13 116	9 095	3 611
内蒙古	71 228	37 938	15 642	5 344
辽宁	56 842	15 041	13 715	7 815
吉林	8 865	4 990	3 980	1 775
黑龙江	11 033	9 684	5 341	1 536
上海				
江苏	151 196	47 590	53 029	25 733
浙江	147 917	30 559	32 688	28 671
安徽	6 659	3 824	3 289	636
福建	52 554	20 887	14 282	15 541
江西	30 093	18 208	16 108	10 634
山东	162 172	58 969	47 140	39 200
河南	31 426	12 426	10 256	21 779
湖北	73 423	40 150	28 930	14 014
湖南	172 937	70 643	31 566	43 768
广东	96 696	34 105	21 777	20 767
广西	111 037	36 352	23 128	26 789
海南	3 083	3 189	1 693	337
重庆	19 951	2 694	8 272	3 646
四川	58 813	25 912	21 294	8 474
贵州				
云南	7 211	2 675	3 349	440
西藏				
陕西	20 194	4 927	1 729	1 259
甘肃	10 582	3 571	597	1 058
青海	1 482	1 362	377	12
宁夏	4 336	1 160	785	690
新疆	1 546	1 011	1 170	597

各地区乡镇企业从业人员（一）

单位：人

地区	合计	农林牧渔业	工业企业	建筑业	交通运输仓储业
全国总计	**101 499 695**	**2 232 993**	**71 557 285**	**8 018 476**	**2 943 491**
北京	779 269	8 236	471 289	71 325	20 512
天津	1 380 310		1 380 310		
河北	6 905 224	74 335	5 130 062	614 212	123 758
山西	3 663 450	80 734	2 190 763	289 477	135 485
内蒙古	1 608 386	70 276	762 168	154 827	58 822
辽宁	3 782 515		2 107 668	258 735	321 505
吉林	1 276 097	57 322	697 848	110 089	37 465
黑龙江	897 870	4 670	505 822	84 435	40 120
上海	2 099 997		2 099 997		
江苏	17 226 259	143 472	12 811 438	1 258 126	471 453
浙江	11 477 610	34 434	9 697 527	677 298	152 256
安徽	3 876 582	56 953	3 226 327	486 875	23 665
福建	6 323 726	200 795	4 705 844	339 323	143 944
江西	3 476 866	139 324	1 973 877	249 300	182 428
山东	14 393 892	373 426	10 056 754	1 042 846	373 925
河南	6 625 094	322 415	4 547 234	624 138	124 706
湖北	5 410 528	162 630	2 919 456	588 908	193 597
湖南	6 997 763	344 660	4 617 408	780 771	314 971
广东	10 948 569	105 587	8 966 051	295 459	135 977
广西	3 037 994	73 536	1 738 258	173 827	146 108
海南	230 423	31 039	85 601	21 235	7 257
重庆	2 454 405	62 489	1 329 636	597 769	78 739
四川	5 283 506	137 176	3 350 466	567 902	190 909
贵州					
云南	1 715 827	65 453	1 074 624	295 142	37 521
西藏					
陕西	2 757 635	81 079	1 710 091	188 137	266 652
甘肃	1 266 249	42 967	691 104	202 827	90 148
青海	97 198	2 523	64 972	7 393	2 026
宁夏	283 247	12 011	175 849	44 342	14 845
新疆	353 204	35 954	221 601	36 903	9 104

各地区乡镇企业从业人员（二）

单位：人

地　区	批发零售业	住宿及餐饮业	社会服务业	其他企业
全国总计	**7 713 977**	**4 262 987**	**2 537 492**	**2 232 994**
北　京	62 669	33 185	97 670	14 383
天　津				
河　北	493 540	217 572	144 825	106 920
山　西	528 836	254 021	113 417	70 717
内蒙古	240 575	173 250	114 105	34 363
辽　宁	527 860	279 790	161 500	125 457
吉　林	198 314	104 911	42 423	27 725
黑龙江	118 179	72 129	51 505	21 010
上　海				
江　苏	1 175 528	556 051	499 437	310 754
浙　江	463 789	150 381	175 784	126 141
安　徽	20 149	21 547	11 759	29 307
福　建	438 461	239 711	124 855	130 793
江　西	398 938	252 930	140 416	139 653
山　东	1 110 644	665 018	400 994	370 285
河　南	389 062	231 964	82 151	303 424
湖　北	662 514	382 295	257 335	243 793
湖　南	452 093	237 755	85 431	164 674
广　东	596 507	442 862	239 815	166 311
广　西	448 732	242 980	100 663	113 890
海　南	29 274	34 277	17 154	4 586
重　庆	188 530	85 989	45 391	65 862
四　川	394 538	332 302	186 747	123 466
贵　州				
云　南	107 923	56 300	52 178	26 686
西　藏				
陕　西	324 516	155 141	24 141	7 878
甘　肃	152 000	51 014	10 496	25 693
青　海	8 804	9 164	2 204	112
宁　夏	18 652	11 243	4 067	2 238
新　疆	15 105	13 613	15 060	5 864

各地区乡镇企业总产值（一）

单位：万元

地　　区	合　计	农林牧渔业	工业企业	建筑业	交通运输仓储业
全国总计	**4 761 875 454**	**61 904 381**	**3 823 785 990**	**238 093 773**	**99 999 385**
北　京	39 678 418	175 406	23 906 607	4 467 067	1 339 988
天　津	89 681 509		89 681 509		
河　北	381 295 639	2 622 771	309 101 019	16 109 546	8 247 785
山　西	142 426 911	1 751 416	98 673 924	6 471 654	5 125 192
内蒙古	40 006 610	3 923 288	23 483 195	2 794 157	1 466 847
辽　宁	351 337 762		264 131 422	16 140 387	16 601 107
吉　林	41 471 341	1 694 821	29 534 440	2 155 390	1 710 296
黑龙江	26 963 611	89 512	19 358 556	2 710 951	1 055 163
上　海	153 530 831		153 530 831		
江　苏	1 135 489 899	3 399 588	934 674 127	51 790 804	13 928 673
浙　江	691 871 413	6 252 918	572 960 156	35 459 410	15 008 628
安　徽	75 156 985	927 412	63 147 563	9 368 425	485 423
福　建	215 446 907	3 915 695	179 861 572	8 347 604	2 667 597
江　西	95 327 114	2 119 102	75 243 163	5 045 616	2 879 685
山　东	1 065 177 280	21 966 908	838 001 759	53 393 232	27 301 619
河　南	184 407 742	4 801 678	148 506 512	8 053 034	2 433 414
湖　北	190 049 380	5 230 044	143 671 657	11 143 481	5 365 407
湖　南	150 097 284	4 510 054	97 246 818	15 894 590	6 787 439
广　东	315 779 677	2 065 443	279 024 198	6 460 510	2 590 948
广　西	61 194 593	868 539	51 799 775	1 563 419	1 498 664
海　南	2 664 995	318 006	1 438 560	273 317	56 547
重　庆	76 304 113	1 094 523	48 965 075	12 625 567	2 015 672
四　川	189 861 034	5 243 204	151 276 160	11 298 768	3 400 973
贵　州					
云　南	50 637 050	1 197 040	39 449 110	4 110 932	827 661
西　藏					
陕　西	70 946 028	3 218 498	53 812 702	5 796 335	455 744
甘　肃	18 053 178	503 883	11 149 931	2 971 092	874 566
青　海	1 473 224	5 441	1 266 300	85 653	25 633
宁　夏	8 500 372	197 000	6 333 509	542 933	167 864
新　疆	10 004 554	1 114 314	7 478 474	811 260	112 986

各地区乡镇企业总产值（二）

单位：万元

地　　区	批发零售业	住宿及餐饮业	社会服务业	其他企业
全国总计	**290 474 403**	**90 475 634**	**80 951 883**	**76 190 005**
北　　京	5 983 037	456 508	2 503 911	845 894
天　　津				
河　　北	26 933 251	6 407 464	6 512 754	5 361 049
山　　西	17 568 221	6 171 822	3 893 241	2 771 441
内 蒙 古	3 875 641	1 879 358	1 953 398	630 726
辽　　宁	26 699 501	11 221 583	6 975 442	9 568 320
吉　　林	2 928 329	1 485 975	869 417	1 092 673
黑 龙 江	1 964 476	1 007 850	588 990	188 113
上　　海				
江　　苏	88 038 802	12 770 285	14 571 619	16 316 001
浙　　江	32 260 387	8 391 372	13 538 540	8 000 002
安　　徽	514 235	396 540	295 846	21 541
福　　建	12 131 822	2 995 398	1 760 603	3 766 616
江　　西	4 418 074	2 419 707	1 206 920	1 994 847
山　　东	62 522 805	26 582 222	17 711 074	17 697 661
河　　南	9 537 485	3 778 337	2 853 793	4 443 489
湖　　北	12 865 095	5 967 656	3 804 386	2 001 654
湖　　南	11 594 929	4 550 821	9 261 712	250 921
广　　东	12 320 230	5 985 429	3 393 210	3 939 709
广　　西	2 808 102	1 377 510	631 200	647 384
海　　南	137 110	228 842	126 297	86 316
重　　庆	5 241 045	2 329 015	963 207	3 070 009
四　　川	8 503 033	4 385 251	3 342 390	2 411 255
贵　　州				
云　　南	2 775 261	1 022 790	637 897	616 359
西　　藏				
陕　　西	4 776 216	1 764 710	638 437	483 386
甘　　肃	1 856 331	342 547	153 264	201 564
青　　海	38 673	44 609	5 832	1 083
宁　　夏	1 109 073	80 916	47 578	21 499
新　　疆	227 843	83 003	90 938	85 736

各地区乡镇企业营业收入（一）

单位：万元

地　　区	合　计	农林牧渔业	工业企业	建筑业	交通运输仓储业
全国总计	**4 727 739 431**	**61 460 613**	**3 720 730 932**	**231 659 232**	**104 010 267**
北　　京	43 534 764	213 732	24 820 877	4 888 252	1 369 076
天　　津	90 074 403		90 074 403		
河　　北	364 235 705	2 825 326	292 214 682	16 712 636	8 183 092
山　　西	134 682 544	1 548 417	92 258 621	5 882 637	4 978 718
内 蒙 古	38 926 664	3 718 811	21 890 056	2 494 777	1 285 732
辽　　宁	331 529 845		247 726 617	14 162 026	16 135 397
吉　　林	38 345 914	1 432 324	27 918 350	1 936 430	1 400 407
黑 龙 江	29 182 910	78 447	19 221 551	2 418 043	1 058 937
上　　海	151 033 302		151 033 302		
江　　苏	1 119 665 175	3 305 525	906 222 525	46 161 081	14 055 290
浙　　江	686 894 970	6 176 930	538 218 704	35 736 730	17 820 565
安　　徽	86 503 745	921 463	65 699 423	12 456 368	476 333
福　　建	206 791 782	3 730 985	170 611 428	8 086 827	3 080 074
江　　西	90 565 917	1 826 471	73 004 490	4 592 151	2 568 273
山　　东	1 021 413 986	19 544 866	790 758 891	51 450 919	26 057 105
河　　南	184 353 985	4 796 717	148 412 855	8 053 034	2 433 414
湖　　北	182 966 253	4 958 065	138 056 435	9 988 886	5 628 876
湖　　南	150 097 284	4 510 054	97 246 818	15 894 590	6 787 439
广　　东	306 309 607	1 852 656	265 461 282	6 406 460	2 418 520
广　　西	59 206 804	960 344	48 775 561	1 617 639	1 506 817
海　　南	2 769 233	283 396	1 342 645	237 526	56 547
重　　庆	75 550 731	1 075 689	46 469 907	11 354 407	1 861 045
四　　川	179 453 628	4 733 144	141 283 587	10 916 781	3 435 660
贵　　州					
云　　南	51 450 581	1 133 781	37 485 709	4 026 043	856 692
西　　藏					
陕　　西	67 803 273	2 545 919	49 732 864	3 409 562	457 170
甘　　肃	15 766 731	340 062	9 645 460	2 689 065	598 958
青　　海	1 359 412	5 046	1 177 063	74 830	20 755
宁　　夏	7 619 844	168 930	5 798 961	445 879	151 399
新　　疆	8 820 439	1 150 766	6 206 624	811 807	112 917

各地区乡镇企业营业收入（二）

单位：万元

地　　区	批发零售业	住宿及餐饮业	社会服务业	其他企业
全国总计	**349 852 718**	**94 554 789**	**85 099 310**	**80 371 570**
北　　京	7 999 790	518 355	2 746 364	978 318
天　　津				
河　　北	26 141 965	6 821 454	6 060 804	5 275 746
山　　西	17 388 010	6 075 902	3 887 640	2 662 599
内 蒙 古	5 217 345	1 735 819	1 953 398	630 726
辽　　宁	25 865 993	10 389 770	7 910 791	9 339 251
吉　　林	2 596 744	1 250 672	813 497	997 490
黑 龙 江	4 417 201	1 197 376	608 599	182 756
上　　海				
江　　苏	103 057 934	12 529 003	17 393 130	16 940 687
浙　　江	54 493 237	8 516 244	15 741 782	10 190 778
安　　徽	407 586	314 756	215 694	6 012 122
福　　建	13 594 176	2 810 561	1 583 019	3 294 712
江　　西	4 027 406	2 061 369	1 117 652	1 368 105
山　　东	70 478 322	26 786 887	18 421 620	17 915 376
河　　南	9 537 485	3 778 337	2 853 793	4 488 350
湖　　北	13 183 930	5 779 712	3 378 507	1 991 842
湖　　南	11 594 929	4 550 821	9 261 712	250 921
广　　东	16 418 668	5 831 636	4 078 100	3 842 285
广　　西	3 592 211	1 509 741	599 892	644 599
海　　南	373 091	263 415	126 297	86 316
重　　庆	8 623 931	2 105 354	969 697	3 090 701
四　　川	9 435 747	4 282 523	3 085 237	2 280 949
贵　　州				
云　　南	5 435 677	1 219 840	673 001	619 838
西　　藏				
陕　　西	8 762 195	1 770 231	640 434	484 898
甘　　肃	1 898 562	315 689	129 516	149 419
青　　海	37 619	37 448	5 454	1 197
宁　　夏	910 488	72 909	50 386	20 892
新　　疆	247 336	79 558	149 780	61 651

各地区乡镇企业利润总额（一）

单位：万元

地　区	合　计	农林牧渔业	工业企业	建筑业	交通运输仓储业
全国总计	**256 019 499**	**4 096 312**	**198 159 092**	**12 288 936**	**6 400 487**
北　京	2 076 973	9 919	1 162 985	190 794	90 849
天　津	7 549 068		7 549 068		
河　北	26 833 955	286 401	21 555 424	1 318 899	729 565
山　西	11 252 215	157 362	7 841 120	568 993	423 112
内蒙古	3 784 178	445 515	2 011 043	202 768	144 569
辽　宁	20 743 207		14 945 751	1 016 075	1 091 950
吉　林	3 412 616	198 641	2 345 589	191 137	144 827
黑龙江	1 558 655	9 345	1 044 653	133 436	73 303
上　海	7 343 470		7 343 470		
江　苏	66 300 640	241 456	51 973 599	3 094 743	1 057 989
浙　江	35 926 453	340 491	28 360 221	1 261 051	1 049 805
安　徽	7 480 456	125 698	5 963 215	936 965	49 632
福　建	15 321 448	303 781	12 549 566	606 674	191 383
江　西	6 322 904	159 079	5 037 063	321 658	175 445
山　东	77 657 886	1 837 872	59 339 434	3 787 395	2 137 594
河　南	20 675 383	575 355	16 239 412	805 809	258 119
湖　北	8 570 818	212 536	6 116 109	462 737	323 678
湖　南	5 438 536	196 546	3 640 266	536 087	262 908
广　东	19 000 601	197 649	14 730 151	531 576	350 851
广　西	4 616 587	108 294	3 442 871	210 080	200 976
海　南	268 448	28 497	137 356	29 042	4 767
重　庆	3 070 042	45 832	1 841 939	411 982	87 372
四　川	12 470 293	278 737	9 639 092	933 986	275 756
贵　州					
云　南	3 824 795	96 725	2 890 024	300 408	74 111
西　藏					
陕　西	3 130 243	141 532	2 300 367	156 118	27 190
甘　肃	893 880	43 590	550 107	130 318	26 666
青　海	65 517	1 429	53 230	3 551	1 147
宁　夏	566 203	44 950	418 772	33 744	17 428
新　疆	594 029	62 808	416 121	56 413	16 656

各地区乡镇企业利润总额（二）

单位：万元

地　区	批发零售业	住宿及餐饮业	社会服务业	其他企业
全国总计	**17 409 326**	**6 656 507**	**5 376 409**	**5 632 430**
北　京	174 699	37 839	282 846	127 042
天　津				
河　北	1 626 246	566 128	414 046	337 246
山　西	1 267 835	477 047	315 902	200 844
内蒙古	410 933	229 415	240 300	99 635
辽　宁	1 654 981	834 915	534 795	664 740
吉　林	233 750	167 623	72 912	58 137
黑龙江	186 888	64 037	37 889	9 104
上　海				
江　苏	6 089 596	1 058 135	1 115 437	1 669 685
浙　江	2 483 563	630 075	1 117 279	683 968
安　徽	55 693	48 563	35 696	264 994
福　建	924 103	350 468	152 273	243 200
江　西	254 648	152 893	106 407	115 711
山　东	5 096 141	2 226 890	1 677 568	1 554 992
河　南	1 037 065	456 258	347 421	955 944
湖　北	628 250	373 700	341 708	112 100
湖　南	466 895	161 194	65 982	108 658
广　东	1 084 482	975 114	375 464	755 314
广　西	328 174	167 836	84 229	74 127
海　南	20 921	26 919	15 083	5 863
重　庆	390 822	97 440	45 846	148 809
四　川	563 797	357 790	251 326	169 809
贵　州				
云　南	278 804	101 146	63 814	19 763
西　藏				
陕　西	359 973	88 687	32 083	24 293
甘　肃	102 927	21 180	7 362	11 730
青　海	2 782	2 302	955	121
宁　夏	34 562	7 963	5 114	3 670
新　疆	19 858	8 241	9 297	4 635

各地区乡镇企业上缴税金（一）

单位：万元

地　　区	合　计	农林牧渔业	工业企业	建筑业	交通运输仓储业
全国总计	**124 576 211**	**1 245 762**	**96 920 292**	**6 851 692**	**2 865 253**
北　京	1 953 139	2 677	1 219 866	187 748	72 084
天　津	3 053 226		3 053 226		
河　北	12 216 673	41 978	9 494 971	698 416	227 928
山　西	8 007 324	26 934	5 819 974	398 886	234 750
内蒙古	1 725 410	104 555	1 032 206	86 138	69 994
辽　宁	7 496 434		5 012 737	510 337	311 567
吉　林	933 412	29 164	702 193	45 938	31 343
黑龙江	732 133	5 143	484 297	59 918	26 309
上　海	3 347 468		3 347 468		
江　苏	35 937 197	122 118	28 860 760	1 716 495	735 411
浙　江	20 952 651	179 668	17 049 112	1 125 529	510 075
安　徽	1 267 056	27 452	996 214	195 896	9 625
福　建	6 441 998	83 177	5 216 305	341 133	102 525
江　西	4 154 438	79 445	3 043 866	212 512	143 740
山　东	28 942 652	550 454	21 641 565	1 593 154	862 665
河　南	3 572 160	30 551	2 777 884	209 666	41 879
湖　北	4 500 175	45 655	3 533 449	256 579	102 819
湖　南	2 466 816	62 672	1 697 502	306 398	94 172
广　东	9 168 248	42 734	7 536 934	300 117	100 044
广　西	1 589 106	17 057	1 162 707	127 094	50 509
海　南	107 178	5 402	42 793	18 361	1 905
重　庆	2 214 333	13 168	1 479 795	301 792	49 748
四　川	6 025 886	88 369	4 784 205	404 295	115 403
贵　州					
云　南	1 923 043	9 633	1 439 405	187 115	28 119
西　藏					
陕　西	1 172 068	44 391	872 977	51 455	7 972
甘　肃	322 307	4 339	215 578	48 061	7 128
青　海	33 768	259	27 940	2 184	427
宁　夏	223 928	4 605	178 714	16 813	4 704
新　疆	325 984	18 985	235 657	46 399	3 766

各地区乡镇企业上缴税金（二）

单位：万元

地区	批发零售业	住宿及餐饮业	社会服务业	其他企业
全国总计	**8 097 454**	**3 114 405**	**2 616 100**	**2 865 253**
北京	185 601	35 876	146 324	102 963
天津				
河北	861 948	319 973	262 738	308 721
山西	893 957	330 488	177 950	124 385
内蒙古	165 656	109 443	113 944	43 474
辽宁	657 918	328 018	204 919	470 938
吉林	53 735	36 170	19 142	15 727
黑龙江	88 119	32 343	26 902	9 102
上海				
江苏	2 552 511	559 965	585 957	803 980
浙江	963 013	287 029	545 698	292 527
安徽	9 052	8 963	4 563	15 291
福建	418 709	119 161	63 853	97 135
江西	318 265	163 940	102 941	89 729
山东	1 901 071	864 360	621 049	908 334
河南	239 672	92 273	101 533	78 702
湖北	278 874	155 857	70 068	56 874
湖南	143 715	81 875	33 913	46 569
广东	461 274	336 689	216 691	173 765
广西	91 848	67 675	36 107	36 109
海南	10 058	12 072	13 046	3 541
重庆	159 649	55 193	75 503	79 485
四川	257 194	171 109	121 110	84 201
贵州				
云南	141 731	35 470	32 304	49 266
西藏				
陕西	152 780	25 960	9 411	7 122
甘肃	33 033	8 102	2 649	3 417
青海	1 325	901	712	20
宁夏	10 747	3 258	2 177	2 910
新疆	7 889	2 709	5 722	4 857

各地区乡镇企业劳动者报酬（一）

单位：万元

地　区	合　计	农林牧渔业	工业企业	建筑业	交通运输仓储业
全国总计	**198 679 601**	**2 980 194**	**146 029 507**	**16 689 086**	**5 563 029**
北　京	2 634 772	18 618	1 725 454	209 266	84 916
天　津	5 332 269		5 332 269		
河　北	11 560 452	98 195	8 965 191	979 514	190 562
山　西	8 234 111	121 494	5 498 549	519 022	306 737
内蒙古	2 583 534	88 159	1 344 230	248 548	94 129
辽　宁	8 932 617		5 283 717	678 994	608 487
吉　林	2 047 654	80 752	1 276 038	147 422	124 000
黑龙江	1 191 560	7 016	677 608	132 003	55 565
上　海	9 892 560		9 892 560		
江　苏	50 758 096	258 760	36 361 210	5 357 163	1 493 862
浙　江	35 984 123	229 378	29 019 049	2 867 025	756 771
安　徽	5 557 512	59 452	4 912 486	496 482	29 563
福　建	14 244 704	377 325	10 662 423	796 299	397 762
江　西	6 482 207	170 213	4 578 861	362 966	285 333
山　东	34 242 258	806 203	24 071 423	3 139 277	916 713
河　南	9 369 711	352 472	6 523 235	947 765	149 435
湖　北	8 206 679	180 636	4 999 552	750 265	294 013
湖　南	8 622 637	424 685	5 689 513	962 056	388 103
广　东	23 022 781	179 871	19 172 766	698 370	277 140
广　西	4 628 037	60 313	3 211 864	196 261	227 305
海　南	298 364	36 951	120 816	32 356	9 035
重　庆	6 893 007	148 677	3 822 226	1 741 900	222 485
四　川	11 463 369	237 680	7 812 184	1 197 194	383 748
贵　州					
云　南	3 341 591	65 484	2 215 765	472 598	85 934
西　藏					
陕　西	3 670 124	91 092	2 478 391	212 709	347 250
甘　肃	913 003	25 463	482 932	248 896	37 949
青　海	113 201	2 070	79 787	9 902	3 111
宁　夏	445 883	23 563	305 851	63 310	15 719
新　疆	592 785	48 100	340 157	134 950	12 909

各地区乡镇企业劳动者报酬（二）

单位：万元

地　　区	批发零售业	住宿及餐饮业	社会服务业	其他企业
全国总计	**12 516 815**	**6 357 747**	**4 569 631**	**3 973 592**
北　　京	172 173	76 223	292 135	55 987
天　　津				
河　　北	666 817	302 751	176 562	180 860
山　　西	917 812	435 186	266 680	168 631
内 蒙 古	363 930	237 429	128 685	78 424
辽　　宁	991 569	544 760	384 006	441 084
吉　　林	206 520	72 547	102 351	38 024
黑 龙 江	132 178	87 695	72 917	26 578
上　　海				
江　　苏	3 779 923	1 204 081	1 132 330	1 170 767
浙　　江	1 361 755	466 052	834 804	449 289
安　　徽	21 362	19 362	9 069	9 736
福　　建	845 171	498 787	225 476	441 461
江　　西	475 861	290 071	148 023	170 879
山　　东	2 325 208	1 471 592	793 734	718 108
河　　南	540 854	303 807	255 261	296 882
湖　　北	837 276	490 625	332 096	322 216
湖　　南	557 063	292 958	105 267	202 992
广　　东	1 196 069	750 183	449 061	299 321
广　　西	465 278	226 703	116 489	123 824
海　　南	32 441	36 941	21 796	8 028
重　　庆	445 483	190 209	116 105	205 922
四　　川	718 513	585 096	354 152	174 802
贵　　州				
云　　南	248 807	99 432	107 231	46 340
西　　藏				
陕　　西	367 673	140 356	24 126	8 527
甘　　肃	73 346	26 389	8 662	9 366
青　　海	10 593	5 379	2 123	236
宁　　夏	19 153	10 186	4 496	3 605
新　　疆	19 878	10 728	20 904	5 159

各地区乡镇规模农产品加工企业（一）

单位：个、人、万元

地区	企业个数	从业人员年平均数	总产值	销售产值
全国总计	**96 268**	**18 842 466**	**1 025 986 708**	**1 020 891 140**
北京	563	117 716	5 397 861	5 320 296
天津	735	229 840	13 622 900	13 449 700
河北	2 457	654 175	33 426 667	31 464 283
山西	412	105 082	6 304 178	6 000 401
内蒙古	1 001	178 051	7 414 916	6 960 559
辽宁	5 032	774 336	113 050 875	107 393 810
吉林	1 271	232 779	15 093 825	14 234 533
黑龙江	622	89 892	7 255 685	7 474 857
上海	2 382	487 771	26 346 679	26 665 273
江苏	15 430	2 705 538	188 406 508	209 549 121
浙江	10 551	1 939 097	221 836 443	216 292 254
安徽	2 070	316 883	10 518 711	11 363 002
福建	15 861	1 707 597	85 254 851	79 947 759
江西	1 146	294 453	12 418 280	11 897 382
山东	13 125	3 962 720	229 333 998	229 327 317
河南	2 939	458 855	23 471 411	23 446 451
湖北	2 162	471 461	32 848 892	31 748 614
湖南	3 071	494 301	33 802 546	33 165 198
广东	7 433	2 177 256	78 261 274	76 621 579
广西	1 296	276 884	15 461 662	14 780 480
海南	53	14 422	391 240	373 606
重庆	703	116 016	4 967 540	4 842 712
四川	2 870	568 957	40 499 738	39 541 838
贵州				
云南	752	129 134	6 863 077	6 160 427
西藏				
陕西	1 010	155 494	11 428 695	9 898 279
甘肃	561	83 052	2 732 707	2 575 440
青海	21	4 532	146 266	177 622
宁夏	277	43 772	3 121 338	3 145 325
新疆	462	52 400	3 680 270	3 417 326

各地区乡镇规模农产品加工企业（二）

单位：个、人、万元

地　　区	营业收入	利润总额	上缴税金	劳动者报酬
全国总计	**987 937 363**	**74 715 871**	**29 318 635**	**50 222 983**
北　　京	6 075 408	143 836	300 237	515 269
天　　津	13 798 000	1 722 000	550 000	931 100
河　　北	30 738 366	2 174 352	1 036 948	1 278 879
山　　西	5 980 191	401 281	211 765	259 782
内 蒙 古	6 914 538	723 159	302 800	326 736
辽　　宁	106 980 774	5 766 451	1 382 519	1 978 194
吉　　林	13 448 794	882 118	266 081	341 508
黑 龙 江	13 618 725	501 097	206 458	118 171
上　　海	22 705 357	1 468 415	1 192 894	1 732 569
江　　苏	186 614 375	9 459 465	5 471 562	8 679 546
浙　　江	215 865 972	11 463 646	3 689 702	9 910 237
安　　徽	9 346 981	511 786		
福　　建	79 166 318	7 819 832	2 704 787	4 562 310
江　　西	11 977 673	846 366	493 190	463 835
山　　东	219 563 641	16 249 133	5 483 490	6 514 280
河　　南	23 434 591	1 900 476	318 304	754 496
湖　　北	30 460 871	1 634 207	793 431	945 291
湖　　南	31 807 364	1 964 779	593 672	1 283 665
广　　东	73 842 628	4 110 090	2 228 789	5 974 467
广　　西	14 339 953	787 293	329 911	580 560
海　　南	372 494	32 707	11 793	20 593
重　　庆	4 752 738	213 338	148 681	278 498
四　　川	38 847 011	2 517 145	1 056 461	1 623 761
贵　　州				
云　　南	6 977 059	458 906	271 315	382 686
西　　藏				
陕　　西	11 076 325	377 401	42 676	353 538
甘　　肃	2 521 190	151 900	59 550	152 784
青　　海	182 278	3 802	1 250	6 637
宁　　夏	2 783 209	237 141	85 646	124 508
新　　疆	3 428 250	193 748	84 723	129 083

各地区乡镇企业个体工商户情况

地区	单位数（个）	从业人员年末数（人）	注册资金（万元）	营业收入（万元）	上缴税金（万元）
全国总计	**24 396 357**	**62 571 370**	**120 009 218**	**1 138 994 701**	**26 151 256**
北京	134 585	513 477	327 081	5 932 215	168 416
天津	73 104	452 737	504 404	16 720 518	335 327
河北	1 480 533	7 860 235	8 175 869	158 609 136	3 383 244
山西	702 562	2 497 148	3 201 756	26 372 892	1 055 946
内蒙古	458 743	1 254 164	2 976 571	11 467 160	446 794
辽宁	1 010 179	3 417 199	6 430 228	164 039 262	2 400 543
吉林	625 921	1 447 078	1 303 669	20 610 937	432 514
黑龙江	424 126	1 372 699	2 532 802	14 080 131	323 371
上海	152 028	308 307	421 948	3 602 319	196 559
江苏	1 810 620	2 936 877	18 255 793	151 759 778	5 792 405
浙江	433 146	1 949 466		60 275 164	1 291 055
安徽	1 523 012	4 241 322	7 915 632	35 221 635	965 214
福建	797 550	2 395 388	3 964 178	24 125 637	689 530
江西	773 974	2 351 665	4 126 069	15 924 847	710 952
山东	2 409 589	5 871 998	7 905 835	59 008 965	2 998 274
河南	1 848 569	6 913 542	7 022 637	145 729 152	1 191 035
湖北	844 221	2 532 663	3 716 000	21 064 000	735 920
湖南	1 311 318	4 321 530	12 191 231	51 870 320	1 006 674
广东	1 330 881	5 197 371	5 322 129	38 505 971	926 317
广西	808 997	2 484 088	2 590 090	16 056 654	439 176
海南	48 916	212 722	368 125	1 006 496	36 369
重庆	216 032	383 086	830 774	2 874 699	51 024
四川	2 065 392	5 366 772	7 987 514	25 624 472	769 245
贵州					
云南	997 348	2 836 578	3 371 502	30 289 011	629 647
西藏					
陕西	1 150 260	3 557 333	5 228 721	38 573 220	691 065
甘肃	335 947	1 292 145	1 751 245	15 642 225	354 112
青海	103 350	242 120	192 837	1 305 824	37 617
宁夏	140 602	323 315	478 973	1 292 398	79 721
新疆	384 852	918 345	915 605	5 429 663	113 190

各地区乡镇企业外向型经济情况（一）

单位：个、万元

地区	出口企业单位数	年出口交货值500万元以上	出口企业交货值	年出口交货值500万元以上	本年止境外办企业单位数	本年止境外办企业累计投资（人民币）
全国总计	**152 615**	**51 638**	**457 360 913**	**357 030 915**	**43 311**	**12 274 660**
北　京	451	273	1 452 479	1 312 311	23	17 415
天　津	1 468	866	6 950 413	6 559 804	21	12 713
河　北	8 093	1 703	13 889 231	8 122 595	58	361 473
山　西	274	237	1 840 978	1 828 429	3	22 330
内蒙古	88	56	374 699	310 482	9	13 603
辽　宁	5 639	1 453	14 985 252	10 664 000	48	142 082
吉　林	2 135	57	790 643	589 125	7	29 460
黑龙江	701	588	106 377	105 602	36	13 357
上　海	4 140	3 490	56 388 007	55 808 529	927	3 824 897
江　苏	20 032	9 992	111 781 861	89 052 029	303	2 618 420
浙　江	32 739	9 154	80 099 607	58 542 979	30 459	689 390
安　徽	3 001	745	4 331 256	3 158 636	81	35 996
福　建	7 628	3 175	20 500 208	16 908 153	1 578	900 841
江　西	741	419	3 189 970	2 536 066	1	12 041
山　东	22 618	6 487	51 556 113	35 993 525	1 137	1 670 081
河　南	6 479	862	4 025 994	2 604 063	42	81 315
湖　北	977	404	4 839 718	3 054 719	55	274 923
湖　南	4 172	651	2 987 296	2 320 302	275	421 606
广　东	20 658	8 831	58 941 185	49 119 229	37	721 046
广　西	1 978	715	10 689 770	1 482 199	1 747	129 747
海　南	21	16	68 952	68 026		
重　庆	203	135	2 359 995	2 352 473	12	145 200
四　川	4 614	488	1 907 388	1 735 551	573	105 083
贵　州						
云　南	182	132	874 003	761 066	8	7 398
西　藏						
陕　西	313	115	1 555 726	1 287 241	46	5 631
甘　肃	3 121	531	501 128	395 412	25	12 554
青　海	3					
宁　夏	100	34	313 182	303 478		
新　疆	46	29	59 482	54 891	5 800	6 058

各地区乡镇企业外向型经济情况（二）

单位：个、万美元

地　区	本年乡镇企业与外商合资合作			本年乡镇企业与港澳台商		
	新签协议项目数	外商协议投资额	外商实际投资额	新签协议项目数	港澳台商协议投资额	港澳台商实际投资额
全国总计	**49 489**	**6 178 681**	**3 536 249**	**18 475**	**3 529 789**	**2 322 922**
北　京	48	16 583	15 401	5	2 694	2 692
天　津	71	196 953	177 136	38	24 131	19 715
河　北	2 035	115 320	130 672	18	27 165	214 122
山　西				1	428	239
内蒙古	63	44 912	6 878	741	8 132	2 903
辽　宁	137	210 992	181 159	53	137 886	93 842
吉　林	6	4 586	3 485			
黑龙江	54	3 480	1 148	1	1 022	
上　海	628	207 906	161 921	352	342 422	267 893
江　苏	3 124	2 823 753	1 295 501	5 065	1 399 085	628 932
浙　江	3 486	156 780	354 818	1 590	156 625	186 216
安　徽	630	30 215	27 153	105	17 563	13 278
福　建	12 168	139 644	114 940	514	115 377	113 948
江　西	204	73 903	240 067	110	93 476	74 317
山　东	22 081	953 203	375 987	3 299	410 390	172 832
河　南	396	52 898	44 989	442	33 427	32 106
湖　北	157	112 720	58 675	119	215 637	106 404
湖　南	740	66 658	34 128	723	351 677	175 542
广　东	1 598	208 082	178 583	2 520	158 089	118 627
广　西	143	8 456	7 591	229	2 430	81 376
海　南						
重　庆	1	1 300	4 920	1	2 000	1 547
四　川	1 484	74 860	90 235	2 530	13 416	2 246
贵　州						
云　南	182	629 647	1 692	1	927	613
西　藏						
陕　西	30	30 198	26 770	13	11 897	11 482
甘　肃	21	15 632	2 400	5	3 894	1 500
青　海						
宁　夏	2					
新　疆						550

七、农　垦

全国农垦生产建设综合情况（一）

项　　目	单　位	2012 年	2011 年	2012 年比 2011 年增减	
				绝对量	%
基本情况					
农垦国有企业	个	5 226	5 072	154	3.00
农场	个	1 786	1 785	1	0.10
工业企业	个	1 249	1 218	31	2.50
建筑企业	个	534	523	11	2.10
运输企业	个	212	234	-22	-9.40
商业企业	个	1 445	1 312	133	10.10
总人口	万人	1 361.21	1 352.48	8.73	0.60
职工总数	万人	317.54	329.32	-11.78	-3.60
在岗职工人数	万人	287.86	297.41	-9.55	-3.20
耕地面积	千公顷	6 123.72	6 116.33	7.39	0.10
当年造林	千公顷	60.18	66.42	-6.24	-9.40
橡胶面积	千公顷	443.03	462.44	-19.41	-4.20
农垦生产总值	亿元	5 073.24	4 212.47	860.77	13.80
第一产业增加值	亿元	1 545.52	1 394.97	150.55	6.40
第二产业增加值	亿元	2 163.92	1 748.63	415.29	17.10
第三产业增加值	亿元	1 363.80	1 068.87	294.93	18.00
工农业总产值	亿元	9 585.86	8 291.60	1 294.26	13.10
农业总产值	亿元	3 100.42	2 803.86	296.56	7.30
工业总产值	亿元	6 485.44	5 487.74	997.70	16.00
农垦人均生产总值	元/人·年	37 803	31 691	6 112	12.80
工资总额	亿元	717.12	653.89	63.23	9.70
职工平均工资	元/人·年	22 584	19 856	2 728	12.90
在岗职工平均工资	元/人·年	24 467	21 449	3 018	13.40
人均纯收入	元/人·年	10 919	9 344	1 575	9.40
固定资产投资总额	亿元	3 321.91	2 441.26	880.65	36.10
主要农作物面积产量					
农作物总播种面积	千公顷	6 510.45	6 414.64	95.81	1.50
粮食作物面积	千公顷	4 725.86	4 613.53	112.33	2.40
粮食作物总产量	万吨	3 371.36	3 198.65	172.71	5.40
棉花面积	千公顷	732.49	719.32	13.17	1.80
棉花总产量	万吨	172.27	163.80	8.47	5.20
油料作物面积	千公顷	379.16	377.47	1.69	0.40
油料作物总产量	万吨	78.26	82.74	-4.48	-5.40

注：表中价值量指标均按当年价格计算，增长速度按可比价格计算。

全国农垦生产建设综合情况（二）

项　目	单　位	2012 年	2011 年	2012 年比 2011 年增减	
				绝对量	%
糖料作物面积	千公顷	112.04	112.55	-0.51	-0.50
糖料作物总产量	万吨	850.65	818.54	32.11	3.90
干胶总产量	万吨	33.17	32.09	1.08	3.37
剑麻产量（折纤维）	万吨	3.04	3.36	-0.32	-9.52
水果总产量	万吨	409.39	337.19	72.20	21.41
茶叶总产量	万吨	4.40	4.54	-0.14	-3.08
牲畜头数和畜、水产品产量					
猪年末头数	万头	1 328.42	1 216.57	111.85	9.19
大牲畜年末头数	万头	344.64	340.82	3.82	1.12
良种及改良种奶牛	万头	151.50	151.18	0.32	0.21
羊年末只数	万只	1 320.40	1 319.16	1.24	0.09
肉类总产量	万吨	296.55	278.91	17.64	6.32
牛奶总产量	万吨	435.04	405.94	29.10	7.17
羊毛总产量	万吨	2.78	2.77	0.01	0.36
禽蛋总产量	万吨	47.65	44.04	3.61	8.20
鹿茸总产量	吨	79.13	84.29	-5.16	-6.12
蜂蜜总产量	吨	10 892.00	7 264.00	3 628.00	49.94
水产品产量	万吨	137.77	126.74	11.03	8.70
主要农业机械、电和化肥用量					
农业机械总动力	万千瓦	2 457.21	2 283.85	173.36	7.59
大中型农用拖拉机	万台	17.42	16.17	1.25	7.73
	万千瓦	733.96	651.83	82.13	12.60
农用小型及手扶拖拉机	万台	32.81	34.70	-1.89	-5.45
	万千瓦	387.72	388.40	-0.68	-0.18
农用排灌动力机械	万台	27.74	26.18	1.56	5.96
	万千瓦	389.47	370.28	19.19	5.18
联合收割机	万台	4.61	3.98	0.63	15.83
	万千瓦	327.36	294.13	33.23	11.30
农场用电量	亿千瓦时	130.71	119.03	11.68	9.81
农用化肥施用总量	万吨	248.33	241.16	7.17	2.97
主要工业产品产量					
原煤	万吨	3 300.09	3 382.88	-82.79	-2.45
混配合饲料	万吨	660.15	584.63	75.52	12.92
食用植物油	万吨	275.72	227.61	48.11	21.14

全国农垦生产建设综合情况（三）

项　　目	单　位	2012 年	2011 年	2012 年比 2011 年增减	
				绝对量	%
机制糖	万吨	232.40	206.99	25.41	12.28
乳制品	万吨	326.17	267.81	58.36	21.79
液体乳	万吨	297.12	235.30	61.82	26.27
饮料酒	万千升	161.20	156.83	4.37	2.79
葡萄酒	万千升	7.44	5.95	1.49	25.04
纱	万吨	63.16	52.82	10.34	19.58
布	亿米	5.82	6.95	-1.13	-16.26
机制纸和纸板	万吨	46.71	55.48	-8.77	-15.81
水泥	万吨	2 728.96	2 747.09	-18.13	-0.66
砖	亿块	172.23	126.56	45.67	36.09
发电量	亿千瓦时	357.70	225.95	131.75	58.31
粮食商品量	**万吨**	**3 025.20**	**2 820.93**	**204.27**	**7.24**
粮食商品率	%	89.73	88.19		1.54
出口商品总金额	**亿元**	**756.04**	**656.91**	**99.13**	**15.09**
贸易业、餐饮业销售总额	**亿元**	**3 912.04**	**3 261.26**	**650.78**	**19.95**
服务业营业收入	**亿元**	**259.04**	**152.53**	**106.51**	**69.83**

项　　目	单　位	合　计	第一产业	第二产业	第三产业
非国有经济基本情况					
经营单位个数	个	697 979	294 042	42 012	361 925
集体经济	个	3 016	2 094	353	569
个体经济	个	631 323	271 940	26 843	332 540
私营经济	个	62 151	19 967	14 449	27 735
港澳台及外商经济	个	585	40	314	231
从业人员	万人	256	84	89	83
从业人员收入	亿元	579.81	159.00	232.56	188.25
从业人员年均收入	元	22 636.00	18 962.00	26 048.00	22 675.00
生产总值（现价）	亿元	2 331.62	409.60	1 272.21	649.81
资产总额	亿元	3 397.59	302.08	2 278.50	817.00
固定资产原值	亿元	2 212.43	233.97	1 471.09	507.37
应交税金	亿元	147.10	1.64	105.41	40.05
利润总额	亿元	360.74	74.46	183.00	103.29

各地区农垦基本情况（一）

地　区	国有企业个数	农场	工业	建筑业	运输业	商业	总人口（人）	职工人数（人）
全国总计	**5 226**	**1 786**	**1 249**	**534**	**212**	**1 445**	**13 612 082**	**3 175 383**
北　京	56	10	28	3	1	14	64 153	37 210
天　津	48	15	20	3	1	9	16 364	7 855
河　北	80	33	19	9	3	16	443 222	68 749
山　西	31	26	2			3	25 673	4 919
内 蒙 古	170	105	26	2	1	36	510 536	106 604
辽　宁	186	109	13	10		54	928 657	259 309
吉　林	96	88	8			0	271 481	51 674
黑 龙 江	730	113	171	41	89	316	1 733 822	394 609
上　海	440	19	94	8	49	270	132 718	93 386
江　苏	51	18	23	5		5	212 188	65 367
浙　江	67	57	4			6	55 303	2 216
安　徽	50	20	9	4		17	127 411	27 134
福　建	156	113	37			6	232 948	32 276
江　西	276	154	76	16	5	25	902 172	336 946
山　东	28	14	6	1		7	23 170	6 533
河　南	136	97	27	1		11	134 252	37 415
湖　北	204	53	108	14	4	25	1 439 815	384 188
湖　南	301	69	125	85	9	13	687 075	146 172
广　东	264	46	105	15	10	88	371 718	52 363
广　西	179	43	67	33	2	34	352 842	33 168
海　南	225	46	44	65	8	62	925 013	172 410
重　庆	26	15	5	1		5	21 200	6 723
四　川	44	38	4			2	14 320	3 972
贵　州	44	38	6			0	25 972	5 023
云　南	122	41	36	4	13	28	340 309	85 574
西　藏								
陕　西	67	12	5			50	28 143	4 948
甘　肃	103	17	63	3	1	19	103 764	21 894
青　海	22	17	4			1	46 974	5 868
宁　夏	44	14	18	3		9	128 781	19 133
新疆（兵团）	690	175	47	194	7	267	2 648 636	549 365
新疆（农业）	154	46	41	14	9	44	224 950	47 210
新疆（畜牧）	128	124	4				420 674	98 878
热 科 院							12 681	3 605
广　州	6		3			3	1 870	1 838
南　京	2	1	1				3 275	849

各地区农垦基本情况（二）

地区	耕地面积（公顷）	农作物耕地面积（公顷）	农垦生产总值（万元）	农垦人均生产总值（元/人·年）	工农业总产值（万元）	出口商品总金额（万元）
全国总计	**6 123 717**	**6 510 446**	**50 732 441**	**37 803**	**95 858 634**	**7 560 415**
北京	1 454	952	536 810	85 061	1 338 485	84 134
天津	2 760	2 891	143 021	87 400	257 998	5 174
河北	92 820	97 123	3 334 649	75 472	7 066 136	95 587
山西	6 683	6 107	46 144	18 104	79 098	
内蒙古	654 136	645 887	1 218 614	24 396	1 776 266	233
辽宁	154 932	168 583	2 383 493	26 128	8 455 981	256 710
吉林	117 478	117 783	187 359	6 923	410 485	1 938
黑龙江	2 879 660	2 870 592	11 433 628	66 363	18 826 293	369 042
上海	29 447	57 535	1 301 125	96 659	2 602 795	91 330
江苏	71 428	148 356	1 013 141	47 843	2 171 586	52 466
浙江	4 070	5 118	220 156	40 770	1 689 960	98 199
安徽	29 356	58 013	202 116	15 966	385 457	
福建	10 957	22 825	451 522	20 018	1 149 764	32 678
江西	52 580	108 495	1 456 187	16 296	4 110 887	263 883
山东	12 290	15 138	114 451	49 369	636 836	
河南	27 605	50 906	144 706	11 292	457 705	2 200
湖北	137 617	304 469	5 880 000	41 009	12 821 446	281 510
湖南	67 216	150 144	1 103 200	17 123	1 612 196	26 895
广东	37 836	48 188	1 120 431	29 936	2 163 955	534 325
广西	32 805	29 458	3 419 227	101 907	5 011 316	131 120
海南	37 568	60 998	1 485 119	16 071	1 477 425	7 061
重庆	316	694	127 711	63 230	748 810	
四川	899	1 070	18 224	13 627	38 516	426
贵州	1 722	2 388	29 066	11 250	77 045	
云南	12 194	18 002	357 487	10 549	703 759	8 192
西藏						
陕西	8 948	13 709	46 824	16 654	47 890	
甘肃	59 270	59 262	165 988	16 076	432 984	
青海	26 492	19 567	20 985	10 315	30 836	
宁夏	39 613	39 521	180 887	14 304	314 476	6 029
新疆（兵团）	1 245 465	1 130 156	11 982 800	45 517	17 943 045	5 197 422
新疆（农业）	89 500	80 745	204 875	9 289	346 320	10 598
新疆（畜牧）	177 935	175 513	357 651	8 634	599 010	
热科院	665	244	26 501	22 230	4 745	
广州			25 757	144 865	56 657	3 263
南京			3 277	9 602	12 473	

各地区农垦生产总值

地　区	生产总值（万元）	第一产业增加值	第二产业增加值	第三产业增加值	构成（%） 第一产业	第二产业	第三产业
全国总计	**50 732 441**	**15 455 239**	**21 639 219**	**13 637 983**	**30.4**	**42.7**	**26.9**
北　京	536 810	169 783	151 957	215 070	31.6	28.3	40.1
天　津	143 021	16 993	38 611	87 417	11.9	27.0	61.1
河　北	3 334 649	369 684	1 926 257	1 038 709	11.1	57.8	31.1
山　西	46 144	12 824	17 225	16 095	27.8	37.3	34.9
内蒙古	1 218 614	494 810	450 042	273 762	40.6	36.9	22.5
辽　宁	2 383 493	794 738	1 120 675	468 080	33.3	47.0	19.6
吉　林	187 359	150 393	23 647	13 319	80.3	12.6	7.1
黑龙江	11 433 628	5 365 612	2 986 784	3 081 232	46.9	26.1	26.9
上　海	1 301 125	95 530	496 581	709 014	7.3	38.2	54.5
江　苏	1 013 141	223 235	520 546	269 360	22.0	51.4	26.6
浙　江	220 156	21 327	194 316	4 513	9.7	88.3	2.0
安　徽	202 116	91 230	54 166	56 721	45.1	26.8	28.1
福　建	451 522	97 866	305 309	48 347	21.7	67.6	10.7
江　西	1 456 187	195 889	925 578	334 720	13.5	63.6	23.0
山　东	114 451	43 230	63 547	7 674	37.8	55.5	6.7
河　南	144 706	66 161	52 376	26 169	45.7	36.2	18.1
湖　北	5 880 000	765 343	3 761 292	1 353 365	13.0	64.0	23.0
湖　南	1 103 200	340 900	549 700	212 600	30.9	49.8	19.3
广　东	1 120 431	331 163	536 768	252 500	29.6	47.9	22.5
广　西	3 419 227	418 052	2 130 339	870 836	12.2	62.3	25.5
海　南	1 485 119	807 524	202 017	475 578	54.4	13.6	32.0
重　庆	127 711	11 874	78 055	37 782	9.3	61.1	29.6
四　川	18 224	5 592	9 829	2 803	30.7	53.9	15.4
贵　州	29 066	8 942	20 124		30.8	69.2	0.0
云　南	357 487	258 818	39 399	59 269	72.4	11.0	16.6
陕　西	46 824	24 752	14 089	7 983	52.9	30.1	17.0
甘　肃	165 988	74 594	86 821	4 573	44.9	52.3	2.8
青　海	20 985	19 697	74	1 214	93.9	0.4	5.8
宁　夏	180 887	93 444	55 090	32 353	51.7	30.5	17.9
新疆（兵团）	11 972 109	3 646 049	4 751 585	3 574 475	30.5	39.7	29.8
新疆（农业）	204 875	122 235	39 416	43 224	59.7	19.2	21.1
新疆（畜牧）	357 651	312 005	21 910	23 736	87.2	6.1	6.6
热科院	26 501			26 501			100.0
广　州	25 757	4 361	13 884	7 512	16.9	53.9	29.2
南　京	3 277	589	1 210	1 478	18.0	36.9	45.1

各地区农垦工农业总产值

地区	工农业总产值（万元）	农业	工业	构成（%）	
				农业	工业
全国总计	**95 858 634**	**31 004 186**	**64 854 448**	**32.3**	**67.7**
北京	1 338 485	744 624	593 861	55.6	44.4
天津	257 998	68 010	189 988	26.4	73.6
河北	7 066 136	810 969	6 255 167	11.5	88.5
山西	79 098	25 140	53 958	31.8	68.2
内蒙古	1 776 266	1 008 471	767 795	56.8	43.2
辽宁	8 455 981	1 593 525	6 862 456	18.8	81.2
吉林	410 485	352 147	58 338	85.8	14.2
黑龙江	18 826 293	10 110 213	8 716 080	53.7	46.3
上海	2 602 795	405 914	2 196 880	15.6	84.4
江苏	2 171 586	534 011	1 637 575	24.6	75.4
浙江	1 689 960	87 462	1 602 498	5.2	94.8
安徽	385 457	174 326	211 131	45.2	54.8
福建	1 149 764	224 406	925 358	19.5	80.5
江西	4 110 887	421 325	3 689 562	10.2	89.8
山东	636 836	87 571	549 265	13.8	86.2
河南	457 705	168 716	288 989	36.9	63.1
湖北	12 821 446	1 621 446	11 200 000	12.6	87.4
湖南	1 612 196	541 186	1 071 010	33.6	66.4
广东	2 163 955	606 365	1 557 590	28.0	72.0
广西	5 011 316	704 439	4 306 877	14.1	85.9
海南	1 477 425	1 311 015	166 410	88.7	11.3
重庆	748 810	60 574	688 236	8.1	91.9
四川	38 516	9 088	29 428	23.6	76.4
贵州	77 045	23 561	53 484	30.6	69.4
云南	703 759	585 094	118 666	83.1	16.9
西藏					
陕西	47 890	34 487	13 403	72.0	28.0
甘肃	432 984	160 878	272 106	37.2	62.8
青海	30 836	28 403	2 432	92.1	7.9
宁夏	314 476	214 759	99 717	68.3	31.7
新疆（兵团）	17 943 045	7 480 238	10 462 807	41.7	58.3
新疆（农业）	346 320	275 305	71 015	79.5	20.5
新疆（畜牧）	599 010	513 245	85 765	85.7	14.3
热科院	4 745	4 745		100.0	
广州	56 657	10 845	45 812	19.1	80.9
南京	12 473	1 683	10 790	13.5	86.5

各地区农垦出口商品金额

单位：万元

地　区	出口商品总金额			工业品金额		
	2012 年	2011 年	增减（%）	2012 年	2011 年	增减（%）
全国总计	7 560 415	6 569 085	15.1	6 842 866	5 930 184	15.4
北　京	84 134	69 862	20.4	13 388	12 144	10.2
天　津	5 174	4 966	4.2	5 174	4 966	4.2
河　北	95 587	94 703	0.9	80 782	79 502	1.6
山　西						
内蒙古	233	592	-60.6			
辽　宁	256 710	211 933	21.1	218 903	195 443	12.0
吉　林	1 938	1 500	29.2			
黑龙江	369 042	314 382	17.4	153 703	138 412	11.0
上　海	91 330	90 979	0.4	88 103	88 066	…
江　苏	52 466	29 749	76.4	13 503	12 467	8.3
浙　江	98 199	326 913	-70.0	98 199	326 913	-70.0
安　徽						
福　建	32 678	32 764	-0.3	17 850	17 377	2.7
江　西	263 883	187 795	40.5	241 439	166 653	44.9
山　东						
河　南	2 200	4 303	-48.9			
湖　北	281 510	233 855	20.4	229 838	190 625	20.6
湖　南	26 895	24 488	9.8	17 876	17 689	1.1
广　东	534 325	512 324	4.3	489 909	467 867	4.7
广　西	131 120	113 431	15.6	117 336	101 306	15.8
海　南	7 061	55 984	-87.4	6 665	55 304	-87.9
重　庆						
四　川	426	128				
贵　州						
云　南	8 192	1 942	321.8	8 192	1 942	321.8
西　藏						
陕　西						
甘　肃		1 077	-100.00		1 077	-100.00
青　海						
宁　夏	6 029	6 584	-8.4			
新疆（兵团）	5 197 422	4 236 499	22.7	5 042 006	4 052 432	24.4
新疆（农业）	10 598	9 750	8.7			
新疆（畜牧）						
热科院						
广　州	3 263	2 584	26.3			
南　京						

全国农垦农作物播种面积和产量

项　　目	播种面积（千公顷）		总产量（吨）		每公顷产量（千克）	
	2012 年	2011 年	2012 年	2011 年	2012 年	2011 年
农作物总计	**6 510.45**	**6 414.64**				
粮食	4 725.86	4 613.53	33 713 572	31 986 531	7 134	6 933
夏收粮食	460.70	462.29	2 516 598	2 696 222	5 463	5 832
稻谷	2 090.73	2 002.75	18 194 452	17 118 391	8 702	8 547
早稻	83.60	81.82	524 101	503 993	6 269	6 160
小麦	549.73	673.22	2 664 255	3 273 277	4 846	4 862
春小麦	237.40	375.27	1 066 904	1 388 611	4 494	3 700
玉米	1 381.49	1 132.21	10 638 263	9 102 294	7 701	8 039
谷子	2.54	3.51	7 497	11 610	2 952	3 308
高粱	11.46	12.64	65 486	69 315	5 714	5 484
大豆	495.61	602.38	1 214 975	1 556 986	2 451	2 585
薯类	55.96	56.88	384 902	411 086	6 878	7 227
油料	379.16	377.47	782 621	827 445	2 064	2 192
花生	32.36	30.48	110 758	106 987	3 423	3 510
油菜籽	244.44	215.35	421 634	420 874	1 725	1 954
向日葵	83.81	99.34	220 209	256 596	2 627	2 583
棉花	732.49	719.32	1 722 665	1 637 974	2 352	2 277
麻类	2.55	2.95	13 352	16 169	5 236	5 481
糖料	112.04	112.55	8 506 475	8 185 414	75 924	72 727
甘蔗	62.12	63.05	5 349 942	5 069 479	86 123	80 404
烟叶	2.40	2.00	5 747	4 716	2 395	2 358
药材	21.21	16.79	79 377	44 853	3 742	2 671
蔬菜、瓜类	270.28	290.06	11 276 073	13 041 877	41 720	44 963
其他农作物	264.46	279.99				

各地区农垦主要农作物播种面积和产量（一）

地　区	农作物播种面积（公顷）	粮　食			稻　谷		
		播种面积（公顷）	总产量（吨）	每公顷产量（千克）	播种面积（公顷）	总产量（吨）	每公顷产量（千克）
全国总计	**6 510 446**	**4 725 856**	**33 713 572**	**7 134**	**2 090 734**	**18 194 452**	**8 702**
北　京	962	765	3 606	4 714			
天　津	2 891	2 537	16 771	6 611	776	6 570	8 466
河　北	97 123	63 796	402 931	6 316	21 050	199 981	9 500
山　西	6 107	4 864	30 763	6 325			
内 蒙 古	645 887	452 209	1 816 036	4 016	3 501	22 984	6 565
辽　宁	168 583	149 137	1 338 087	8 972	94 535	929 466	9 832
吉　林	117 783	106 456	781 763	7 344	36 478	333 450	9 141
黑 龙 江	2 870 592	2 797 784	21 630 399	7 731	1 548 497	13 704 198	8 850
上　海	57 535	41 595	314 850	7 569	22 433	193 288	8 616
江　苏	148 356	123 222	943 364	7 656	59 467	552 708	9 294
浙　江	5 118	2 201	10 624	4 827	922	6 423	6 966
安　徽	58 013	53 328	305 784	5 734	12 050	107 813	8 947
福　建	22 825	12 129	67 078	5 530	8 420	49 489	5 878
江　西	108 495	78 643	538 893	6 852	73 251	513 004	7 003
山　东	15 138	7 722	51 800	6 708	686	5 997	8 742
河　南	50 906	41 741	263 001	6 301	981	8 017	8 175
湖　北	304 469	162 737	923 294	5 674	47 916	420 135	8 768
湖　南	150 144	94 916	613 769	6 466	83 323	567 253	6 808
广　东	48 188	8 595	58 228	6 775	5 449	38 788	7 118
广　西	29 458	2 588	19 607	7 576	658	4 857	7 381
海　南	60 998	30 394	166 799	5 488	25 218	138 989	5 511
重　庆	694	533	1 600	3 002	133	400	
四　川	1 070	513	4 451	8 676	67	525	7 833
贵　州	2 388	1 084	6 033	5 565	343	2 488	7 254
云　南	18 002	11 163	53 950	4 833	4 014	28 423	7 081
西　藏							
陕　西	13 709	11 111	52 797	4 752	175	1 429	8 166
甘　肃	59 262	34 186	257 548	7 534			
青　海	19 567	7 629	33 381	4 376			
宁　夏	39 521	33 359	340 566	10 209	11 246	93 693	8 331
新疆（兵团）	1 130 156	274 608	1 871 300	6 814	22 169	204 327	9 217
新疆（农业）	80 745	31 845	225 735	7 089	3 530	32 830	9 300
新疆（畜牧）	175 513	82 244	567 519	6 900	3 225	25 687	7 965
热 科 院	244	222	1 245	5 609	221	1 241	5 615
广　州							
南　京	4						

各地区农垦主要农作物播种面积和产量（二）

地　区	粮　食						
	小　麦			玉　米			大　豆
	播种面积（公顷）	总产量（吨）	每公顷产量（千克）	播种面积（公顷）	总产量（吨）	每公顷产量（千克）	播种面积（公顷）
全国总计	**549 733**	**2 664 255**	**4 846**	**1 381 486**	**10 638 263**	**7 701**	**495 606**
北　京	345	1 336	3 872	420	2 269	5 402	
天　津	277	1 577	5 693	1 406	8 253	5 870	58
河　北	16 810	73 818	4 391	16 403	96 956	5 911	730
山　西	170	623	3 665	4 349	28 110	6 464	104
内蒙古	101 058	313 349	3 101	160 971	1 066 157	6 623	127 910
辽　宁	95	470	4 947	45 755	375 055	8 197	4 929
吉　林				56 371	417 692	7 410	3 638
黑龙江	34 901	212 203	6 080	854 478	6 642 700	7 774	316 545
上　海	10 089	65 975	6 539				40
江　苏	43 398	273 816	6 309	2 388	17 016	7 126	374
浙　江	561	2 118	3 775	119	497	4 176	536
安　徽	27 212	150 298	5 523	1 543	10 744	6 963	11 614
福　建	23	142	6 174	522	2 224	4 261	734
江　西	551	1 953	3 544	845	4 340	5 138	1 607
山　东	3 764	24 517	6 514	2 563	19 136	7 466	567
河　南	22 895	144 984	6 333	12 009	92 531	7 705	5 767
湖　北	79 679	324 873	4 077	24 687	138 672	5 617	4 538
湖　南	2 854	9 956	3 488	5 132	27 358	5 331	1 378
广　东				577	3 691	6 397	159
广　西				1 333	11 772	8 831	143
海　南				715	4 714	6 593	209
重　庆				400	1 200	3 000	
四　川	64	284	4 431	66	236	3 576	5
贵　州	52	67	1 288	447	1 622	3 629	23
云　南	296	441	1 490	6 395	23 946	3 744	
西　藏							
陕　西	4 714	14 150	3 002	4 981	31 095	6 243	867
甘　肃	14 243	87 122	6 117	9 936	84 197	8 474	271
青　海	2 578	13 283	5 153				
宁　夏	2 001	15 058	7 525	19 891	230 788	11 603	85
新疆（兵团）	131 164	688 409	5 248	101 519	883 956	8 707	6 546
新疆（农业）	11 050	59 670	5 400	14 900	125 150	8 399	1 100
新疆（畜牧）	38 890	183 765	4 725	30 365	286 186	9 425	5 129
热科院					…		
广　州							
南　京							

各地区农垦主要农作物播种面积和产量（三）

地　区	粮食		棉花			油料	
	大豆						
	总产量（吨）	每公顷产量（千克）	播种面（公顷）	总产量（吨）	每公顷产量（千克）	播种面积（公顷）	总产量（吨）
全国总计	**1 214 975**	**2 451**	**732 487**	**1 722 665**	**2 352**	**379 161**	**782 621**
北　京	1						
天　津	5	86	183	364	1 989	3	6
河　北	1 555	2 130	17 762	20 487	1 153	1 670	2 039
山　西	193	1 856	147	190	1 293	106	214
内蒙古	201 192	1 573	4	22	5 500	171 601	283 937
辽　宁	15 602	3 165				4 268	13 995
吉　林	6 268	1 723				8 685	16 600
黑龙江	870 815	2 751				10 631	17 202
上　海	73	1 807	100	135	1 350	333	540
江　苏	1 065	2 848	2 254	2 181	968	468	1 424
浙　江	1 353	2 524	64	75	1 172	80	136
安　徽	31 948	2 751	2 158	3 515	1 629	728	1 562
福　建	1 757	2 394				1 575	4 644
江　西	3 436	2 138	3 270	9 832	3 007	12 554	26 530
山　东	1 104	1 947	6 668	7 640	1 146	139	467
河　南	16 429	2 849	1 337	1 737	1 299	5 023	12 460
湖　北	10 842	2 389	50 254	78 205	1 556	32 944	94 172
湖　南	2 580	1 872	7 008	13 908	1 985	23 497	57 819
广　东	447	2 811				2 854	8 159
广　西	509	3 559				1 078	3 674
海　南	367	1 756				2 223	5 687
重　庆							
四　川	7	1 400				19	33
贵　州	21	913				529	780
云　南						100	119
西　藏							
陕　西	673	776	486	1 734	3 568	437	1 256
甘　肃	635	2 343	4 192	7 132	1 701	6 591	21 595
青　海						10 955	13 344
宁　夏	131	1 541				1 329	4 139
新疆（兵团）	21 721	3 318	557 970	1 417 738	2 541	53 568	135 722
新疆（农业）	3 100	2 818	37 000	78 000	2 108	4 350	11 000
新疆（畜牧）	21 146		41 631	79 770	1 916	20 822	43 359
热科院						1	6
广　州							
南　京							

各地区农垦主要农作物播种面积和产量（四）

地　　区	油　料	油菜籽			糖　料		
	每公顷产量（千克）	播种面积（公顷）	总产量（吨）	每公顷产量（千克）	播种面积（公顷）	总产量（吨）	每公顷产量（千克）
全国总计	**2 064**	**244 439**	**421 634**	**1 725**	**112 043**	**8 506 475**	**75 922**
北　京							
天　津	2 000						
河　北	1 221	513	572	1 115	100	600	6 000
山　西	2 019	8	26	3 250	92	4 123	44 815
内蒙古	1 655	141 920	215 728	1 520	705	25 546	36 235
辽　宁	3 279				35	1 554	44 400
吉　林	1 911				10	300	
黑龙江	1 618				15 334	759 113	49 505
上　海	1 622	333	540	1 622			
江　苏	3 043	425	1 307	3 075			
浙　江	1 700	75	124	1 653			
安　徽	2 147	334	752	2 254			
福　建	2 949	112	149	1 330	378	27 997	74 066
江　西	2 113	8 868	16 320	1 840	194	5 960	30 677
山　东	3 360						
河　南	2 480	310	539	1 738			
湖　北	2 859	23 854	58 446	2 450	136	11 184	82 235
湖　南	2 461	22 785	56 595	2 484	865	61 010	70 532
广　东	2 859				29 954	2 261 281	75 492
广　西	3 408				21 244	2 244 342	105 646
海　南	2 558				5 055	338 670	66 997
重　庆							
四　川	1 742	12	21	1 750			
贵　州	1 474	529	780	1 474			
云　南	1 190	63	77	1 222	4 295	399 478	93 010
西　藏							
陕　西	2 874						
甘　肃	3 276	2 133	4 967	2 329	59	2 944	49 898
青　海	1 218	10 955	13 344	1 218			
宁　夏	3 114				2	88	
新疆（兵团）	2 534	20 770	32 744	1 576	29 914	2 162 529	72 292
新疆（农业）	2 529	2 500	5 600	2 240	1 300	71 000	54 615
新疆（畜牧）	2 082	7 939	13 004	1 638	2 368	128 736	54 365
热科院	4 500				3	20	
广　州							
南　京							

各地区农垦主要工业产品产量（一）

地 区	发电量（万千瓦时）	原煤（吨）	混配合饲料（吨）	水泥（万吨）	砖（万块）	机制纸及纸板（吨）
全国总计	**3 577 042**	**33 000 923**	**6 601 518**	**2 729**	**1 722 269**	**467 090**
北 京						
天 津						
河 北	35 782		189 371	43	16 485	50 120
山 西			14 800			
内 蒙 古	7 500	21 131 595	23 482		95 384	1 902
辽 宁			54 042	20	22 156	3 410
吉 林				62	1 200	6 800
黑 龙 江	77 153	515 868	602 613	200	209 212	28 651
上 海			310 460			
江 苏			102 629		24 798	
浙 江			293 177	107	3 700	
安 徽			22 528	8	10 397	
福 建	11 988	103 500	13 729	48	14 445	
江 西	17 572	257 132	30 160	19	33 035	67 761
山 东			726		5 911	
河 南			65 164	9	6 007	
湖 北	13 150		1 015 415	238	275 370	6 262
湖 南	6 350		1 094 881		35 455	39 123
广 东	15 749		5 319	52	41 524	12 750
广 西	22 034		670 692	45	141 657	105 263
海 南	7 695			91	15 688	180
重 庆			459 380			
四 川	537					
贵 州	120	23 400	2 270		79	
云 南	32 923		906	19	7 879	
西 藏						
陕 西		310 000				
甘 肃	6 066		3 580	236	263	
青 海					440	
宁 夏		30 550	27 433		29 267	
新疆（兵团）	3 319 617	10 521 288	1 482 569	1 535	693 309	144 868
新疆（农业）	2 200	107 590	15 725		38 608	
新疆（畜牧）	606		97 239			
热 科 院						
广 州						
南 京			3 228			

各地区农垦主要工业产品产量（二）

地区	纱（万吨）	布（万米）	成品糖（吨）	饮料酒（千升）	乳制品（吨）	食用植物油（吨）
总计	**63.16**	**58 153**	**2 323 951**	**1 612 043**	**3 261 727**	**2 757 158**
北京				28	496 865	
天津				26 033	78 851	
河北		8 993		5 086	537 117	756
山西				85	310	
内蒙古				1 517		78 422
辽宁			11 734	361 092	146 717	20 186
吉林				60		
黑龙江			31 144	79 702	311 648	1 236 928
上海			759 303	93 873	920 528	
江苏						13 287
浙江		12 490			6 900	
安徽	0.78			4 798	29 117	
福建		2 050		6 248	1 395	1 500
江西	2.79	206		83 776	700	14 061
山东						
河南	2.99	23		3 607	12 807	2 526
湖北	24.77	28 749		354 233	90 794	800 000
湖南	3.77	342	4 423	4 890	5 933	3 827
广东			542 663	2 753	98 630	2 249
广西			698 178	14 802	5 740	518
海南			28 569	142		85
重庆					215 468	
四川				7 381	2 492	
贵州					47 302	
云南			53 575	305		
西藏						
陕西					3 360	
甘肃				166 395		
青海						
宁夏				158 307	21 100	9
新疆（兵团）	25.72	5 300	194 362	232 635	127 444	571 496
新疆（农业）	2.33			4 295	570	11 308
新疆（畜牧）					64 672	
热科院						
广州					35 267	
南京						

全国农垦畜牧业生产情况

项　目	单　位	2012 年	2011 年	2012 年比 2011 年增减	
				绝对量	%
牲畜饲养					
大牲畜年末总头数	万头	344.66	340.82	3.82	1.1
#役畜	万头	15.78	21.05	-5.27	-25.0
占总头数比重	%	4.6	6.2		-1.6
牛	万头	312.92	307.17	5.75	1.9
#能繁殖母畜	万头	165.67	162.23	3.44	2.1
占年末头数比重	%	53.0	52.8		0.2
仔畜	万头	89.63	86.42	3.21	3.7
#黄牛	万头	148.40	142.67	5.73	4.0
良种及改良奶牛	万头	151.50	151.18	0.32	0.2
马	万匹	21.18	21.23	-0.05	-0.2
猪年末头数	万头	1 328.42	1 216.57	111.85	9.2
能繁殖母畜	万头	173.80	163.57	10.23	6.3
占年末头数比重	%	13.0	13.4		-0.4
羊年末只数	万只	1 320.40	1 319.16	1.24	0.1
能繁殖母畜	万只	877.39	827.04	50.35	6.1
占年末只数比重	%	66.4	62.7		3.7
畜产品产量					
肉类总产量	吨	2 965 547	2 789 114	176 433	6.3
出栏肉猪	万头	2 205.87	2 102.95	103.00	4.9
猪肉产量	吨	1 735 001	1 620 995	114 006	7.0
出栏肉牛	万头	168.37	146.00	22.00	15.3
牛肉产量	吨	267 027	247 133	19 894	8.0
出栏肉羊	万只	1 178.43	1 127.91	51.00	4.5
羊肉产量	吨	200 940	204 991	-4 051	-2.0
牛奶产量	吨	4 350 359	4 059 434	290 925	7.2
羊毛产量	吨	27 771	27 735	36	0.4
蜂蜜产量	吨	10 892	7 264	3 628	49.9
禽蛋产量	吨	476 520	440 383	36 137	8.2

各地区农垦主要牲畜年末存栏情况

地区	大牲畜（万头）	牛	奶牛	猪（万头）	羊（万头）
全国总计	**344.66**	**312.92**	**151.50**	**1 328.42**	**1 320.40**
北京	4.44	4.44	4.44	6.00	
天津	2.27	2.08	2.08	0.52	
河北	14.96	14.78	13.98	28.80	7.03
山西	1.40	1.38	1.33	0.83	0.81
内蒙古	41.50	38.20	18.50	19.73	232.00
辽宁	12.26	9.23	2.69	81.41	14.23
吉林	5.17	4.64	0.62	16.01	17.71
黑龙江	100.85	100.53	44.95	301.85	170.75
上海	5.39	5.39	5.39	35.62	
江苏	0.57	0.57	0.47	8.42	1.22
浙江	0.23	0.23	0.23	27.70	
安徽	0.74	0.74	0.58	4.28	0.59
福建	1.25	1.25	0.35	58.12	0.94
江西	3.05	3.05	0.44	57.86	1.26
山东	0.79	0.79	0.79	1.45	0.82
河南	0.76	0.76	0.21	32.29	1.21
湖北	4.00	4.00	0.95	128.40	5.20
湖南	5.53	5.53	0.03	115.00	2.80
广东	2.73	2.73	0.93	55.72	0.11
广西	0.79	0.79	0.17	127.40	0.05
海南	6.45	6.45		58.60	10.35
重庆	1.84	1.84	1.84	5.79	
四川	7.35	7.00	0.10	1.39	2.31
贵州	2.47	2.45	2.37	0.60	0.42
云南	0.49	0.48	0.02	7.01	0.29
西藏					
陕西	0.21	0.21	0.11	2.05	2.02
甘肃	1.32	1.19	0.27	1.59	15.64
青海	4.03	3.97	0.52	0.36	28.71
宁夏	3.83	3.83	3.38	4.21	7.05
新疆（兵团）	43.30	39.23	21.18	130.53	429.23
新疆（农业）	6.80	5.10	1.60	5.25	32.00
新疆（畜牧）	57.28	39.46	20.41	3.24	335.56
热科院	0.02	0.02		0.39	0.09
广州	0.57	0.57	0.57		
南京					

各地区农垦渔业生产情况

地　区	水产养殖面积（公顷）	对虾养殖面积	水产品产量（吨）	养殖产量	对虾产量
全国总计	**311 315**	**19 319**	**1 377 736**	**1 161 695**	**51 236**
北　京					
天　津	615		7 365	7 365	
河　北	15 617	10 646	104 735	80 057	25 578
山　西	8		5	5	
内蒙古	3 426		5 214	1 790	
辽　宁	69 295	3 808	443 654	305 641	2 866
吉　林	890		1 769	1 586	
黑龙江	24 653		34 500	26 074	
上　海	3 475		35 823	35 823	
江　苏	4 355	518	47 784	46 947	5 261
浙　江	1 017	635	5 484	2 735	1 500
安　徽	858		3 923	3 504	
福　建	2 128	157	34 360	26 900	756
江　西	18 893		39 282	27 856	
山　东	5 526	1 494	6 076	2 693	1 030
河　南	649		6 894	6 894	
湖　北	48 028		379 302	379 302	
湖　南	50 416		78 281	64 407	
广　东	4 055	1 446	34 512	34 512	11 079
广　西	1 430	272	16 569	16 569	1 924
海　南	5 075	343	38 335	37 298	1 242
重　庆	2 020		963	963	
四　川	6		15	15	
贵　州	48		31	31	
云　南	1 407		5 179	5 179	
西　藏					
陕　西	33		42	42	
甘　肃	339		58	58	
青　海					
宁　夏	7 020		9 783	9 783	
新疆（兵团）	36 332		35 369	35 369	
新疆（农业）	3 400		1 870	1 870	
新疆（畜牧）	268		429	429	
热科院	24		121		
广　州					
南　京	8		11		

各地区农垦固定资产投资完成情况

单位：万元

地区	投资总额	第一产业	第二产业	第三产业	新增固定资产
全国总计	**33 219 135**	**3 594 538**	**16 330 442**	**13 294 155**	**24 678 255**
北京	168 832	33 340	35 187	100 306	170 232
天津	31 712	3 042	3 682	24 988	69 375
河北	3 185 689	275 078	1 850 556	1 060 055	1 502 689
山西	4 307	1 505	2 278	524	3 730
内蒙古	663 323	133 716	380 937	148 670	589 960
辽宁	2 563 204	443 975	1 250 236	868 993	3 072 961
吉林	18 066	13 968	3 415	683	17 929
黑龙江	3 679 483	810 802	771 127	2 097 554	3 025 226
上海	337 608	67 422	142 968	127 218	227 115
江苏	253 228	37 888	75 762	139 578	159 000
浙江	72 128	1 811	70 021	296	1 495
安徽	95 636	17 502	10 394	67 740	66 532
福建	379 403	10 524	339 194	29 685	333 357
江西	1 694 279	25 649	1 224 151	444 479	1 297 234
山东	189 447	13 728	93 921	81 798	152 776
河南	18 230	4 192	12 051	1 986	16 281
湖北	4 520 000	213 963	3 194 671	1 111 366	4 069 247
湖南	886 468	286 788	492 144	107 536	756 082
广东	220 648	52 273	41 361	127 014	141 903
广西	2 354 060	100 485	1 096 375	1 157 200	1 451 631
海南	702 913	89 551	10 922	602 440	650 050
重庆	47 974	36 909	5 344	5 721	18 997
四川	1 048	656	392		1 048
贵州	12 355	3 752	8 603		12 355
云南	85 989	27 442	9 223	49 324	41 965
西藏					
陕西	20 647	4 016	4 246	12 385	4 964
甘肃	280 798	83 825	131 961	65 012	30 441
青海	1 097	1 097			1 504
宁夏	130 620	62 641	21 991	45 987	36 162
新疆（兵团）	10 393 354	621 691	5 004 192	4 767 471	6 623 381
新疆（农业）	22 238	15 441	3 419	3 378	15 342
新疆（畜牧）	140 860	97 221	38 037	5 602	91 559
热科院	31 074			31 074	11 237
广州	12 268	2 647	1 680	7 941	14 345
南京	150			150	150

八、农　　机

全国主要农业机械情况（一）

项　　目	单　位	2012 年	2011 年	2012 年比 2011 年增减	
				增减量	%
农业机械总动力	**万千瓦**	**102 558.96**	**97 734.66**	**4 824.30**	**4.94**
柴油发动机动力	万千瓦	82 365.04	78 536.31	3 828.73	4.88
汽油发动机动力	万千瓦	3 124.10	2 872.37	251.73	8.76
电动机动力	万千瓦	16 985.29	16 259.41	725.88	4.46
其他机械动力	万千瓦	84.54	66.57	17.97	26.99
拖拉机及配套机械					
拖拉机数量	万台	2 282.47	2 255.87	26.60	1.18
大中型拖拉机数量	万台	485.24	440.64	44.60	10.12
小型拖拉机数量	万台	1 797.23	1 815.22	-17.99	-0.99
拖拉机动力	万千瓦	31 903.75	30 305.78	1 597.97	5.27
大中型拖拉机动力	万千瓦	14 436.39	12 850.15	1 586.24	12.34
小型拖拉机动力	万千瓦	17 467.36	17 455.63	11.73	0.07
拖拉机配套农具	万部	3 845.09	3 760.96	84.13	2.24
大中拖配套农具	万部	763.52	698.95	64.57	9.24
小拖配套农具	万部	3 080.62	3 062.01	18.61	0.61
种植业机械					
耕整地机械					
耕整机	万台（套）	667.60	528.90	138.70	26.22
机耕船	万艘	16.93	15.47	1.45	9.38
机引犁	万台	1 315.83	1 304.43	11.40	0.87
旋耕机	万台	530.72	502.26	28.46	5.67
深松机	万台	20.49	18.53	1.96	10.56
机引耙	万台	745.13	755.09	-9.96	-1.32
种植施肥机械					
播种机	万台	580.20	553.79	26.41	4.77
免耕播种机	万台	77.57	71.79	5.78	8.05
精少量播种机	万台	353.98	334.57	19.41	5.80
水稻种植机械					
水稻直播机	万台	2.86	2.99	-0.13	-4.36
水稻插秧机	万台	51.30	42.70	8.60	20.14
水稻浅栽机	万台	0.90	0.91	-0.01	-1.28
化肥深施机	万台	77.64	74.02	3.62	4.89
地膜覆盖机	万台	50.49	44.82	5.67	12.64

全国主要农业机械情况（二）

项　目	单　位	2012 年	2011 年	2012 年比 2011 年增减	
				增减量	%
农用排灌机械					
农用排灌动力机械数量	万台	2 280.56	2 284.06	-3.49	-0.15
农用排灌动力机械动力	万千瓦	14 724.03	14 486.49	237.54	1.64
农用水泵	万台	2 211.54	2 173.79	37.75	1.74
节水灌溉类机械	万套	182.56	168.48	14.08	8.36
田间管理机械					
机动喷雾（粉）机	万台	544.31	518.08	26.23	5.06
茶叶修剪机	万台	25.34	20.37	4.97	24.37
收获机械					
联合收获机	万台	127.88	111.37	16.51	14.83
割晒机	万台	48.23	49.43	-1.20	-2.44
其他收获机械	万台	131.02	112.50	18.52	16.47
收获后处理机械					
机动脱粒机	万台	1 042.32	1 001.87	40.45	4.04
谷物烘干机	万台	3.60	4.21	-0.60	-14.35
种子加工机械	万台	3.34	3.05	0.29	9.54
保鲜储藏设备	万台（套）	6.86	5.23	1.63	31.21
设施农业设备					
水稻工厂化育秧设备	万套	0.96	0.79	0.17	21.57
温室	万平方米	1 450 259.43	1 266 255.91	184 003.51	14.53
农产品初加工机械					
农产品初加工动力机械	万台	1 461.71	1 421.70	40.01	2.81
	万千瓦	8 920.87	8 692.17	228.70	2.63
农产品初加工作业机械	万台	1 316.74	1 286.64	30.10	2.34
畜牧养殖机械	万台（套）	661.70	637.70	24.00	3.76
渔业机械	万台	348.78	301.56	47.22	15.66
林果业机械	万台	27.62	21.15	6.47	30.61
运输机械					
农用运输车	万台	1 396.23	1 381.54	14.69	1.06
三轮汽车	万台	1 111.19	1 087.62	23.57	2.17
手扶变型运输机	万台	88.09	86.86	1.24	1.42
农用挂车	万台	812.20	795.52	16.68	2.10

全国主要农业机械情况（三）

项　目	单　位	2012 年	2011 年	2012 年比 2011 年增减	
				增减量	%
农田基本建设机械	**万台**	**44.95**	**42.86**	**2.09**	**4.88**
其他机械					
农用飞机	架	124	111	13	11.71
农业机械原值和净值					
农业机械原值	亿元	7 805.61	7 114.64	690.97	9.71
农业机械净值	亿元	5 683.14	5 198.65	484.49	9.32

全国主要农田机械化作业情况

项　目	单　位	2012 年	2011 年	2012 年比 2011 年增减	
				增减量	%
农机化作业总体情况					
耕种收综合机械化水平	%	57.17	54.82	2.35	4.29
机耕面积	千公顷	110 284.83	106 880.87	3 403.96	3.18
机耕水平	%	74.11	72.29	1.82	
机播面积	千公顷	76 794.16	72 916.97	3 877.19	5.32
机播水平	%	47.37	44.93	2.44	
机收面积	千公顷	71 168.88	66 006.41	5 162.47	7.82
机收水平	%	44.40	41.41	2.99	
机械植保面积	千公顷	62 637.16	59 713.43	2 923.73	4.90
主要农作物农机化作业面积					
小麦机耕	千公顷	21 969.31	21 799.21	170.10	0.78
小麦机播	千公顷	20 885.88	20 860.72	25.16	0.12
小麦机收	千公顷	22 034.25	22 098.31	-64.07	-0.29
水稻机耕	千公顷	28 262.99	27 171.95	1 091.04	4.02
水稻机种	千公顷	9 594.55	7 887.99	1 706.56	21.63
水稻机收	千公顷	22 222.82	20 834.82	1 388.00	6.66
玉米机耕	千公顷	24 005.05	21 826.59	2 178.46	9.98
玉米机播	千公顷	28 762.02	26 800.53	1 961.49	7.32
玉米机收	千公顷	14 844.23	11 267.62	3 576.61	31.74

各地区农业机械总动力

单位：万千瓦

地　区	农业机械总动力	柴油发动机动力	汽油发动机动力	电动机动力	其他机械动力
全国总计	**102 558.96**	**82 365.04**	**3 124.10**	**16 985.29**	**84.54**
北　京	241.10	141.11	27.05	72.94	
天　津	568.13	375.17	52.80	140.16	
河　北	10 553.81	8 309.74	136.56	2 107.35	0.16
山　西	3 056.09	2 593.01	73.68	389.40	
内蒙古	3 280.56	2 950.26	15.48	310.95	3.87
辽　宁	2 526.89	1 998.99	78.15	446.88	2.87
吉　林	2 554.65	2 323.46	14.97	216.22	
黑龙江	4 552.93	4 267.78	99.23	184.33	1.60
上　海	112.73	61.28	9.68	41.77	
江　苏	4 214.64	3 086.12	176.89	951.64	
浙　江	2 489.40	1 710.61	123.32	649.93	5.54
安　徽	5 902.77	5 094.30	125.85	682.61	
福　建	1 286.80	933.05	87.31	266.40	0.04
江　西	4 599.68	3 548.67	239.69	811.32	
山　东	12 419.87	10 568.52	200.39	1 650.94	0.01
河　南	10 872.73	9 635.66	64.37	1 172.67	0.04
湖　北	3 842.16	2 762.95	109.31	960.54	9.36
湖　南	5 189.24	3 929.78	309.00	923.88	26.56
广　东	2 496.68	1 730.66	179.77	581.68	4.59
广　西	3 195.91	2 628.58	80.04	484.26	3.03
海　南	479.66	397.82	28.33	48.02	5.48
重　庆	1 162.00	625.65	165.87	370.13	0.35
四　川	3 694.03	2 458.44	245.10	987.84	2.65
贵　州	2 106.65	1 489.89	74.68	535.01	7.08
云　南	2 874.45	2 067.34	124.15	681.91	1.05
西　藏	464.95	303.46	131.39	26.80	3.30
陕　西	2 350.17	1 793.75	67.79	488.52	0.10
甘　肃	2 279.08	1 853.88	28.98	395.82	0.40
青　海	434.99	373.50	24.38	34.57	2.53
宁　夏	787.28	662.61	7.57	116.89	0.21
新　疆	1 968.93	1 689.00	22.32	253.91	3.72

各地区农业机械年末拥有量（一）

地区	农业机械总动力（万千瓦）	拖拉机及配套机械					
		大中型拖拉机		小型拖拉机		大中型拖拉机配套农具	小型拖拉机配套农具
		（万台）	（万千瓦）	（万台）	（万千瓦）	（万部）	（万部）
全国总计	**102 558.96**	**485.24**	**14 436.39**	**1 797.23**	**17 467.36**	**763.52**	**3 080.62**
北京	241.10	0.74	30.75	0.73	8.16	1.35	0.72
天津	568.13	1.50	59.44	2.31	25.11	2.19	3.77
河北	10 553.81	21.37	896.61	146.27	1 591.32	40.97	195.46
山西	3 056.09	9.78	347.55	33.38	312.34	20.05	46.24
内蒙古	3 280.56	57.94	1 281.71	43.93	534.88	93.92	89.54
辽宁	2 526.89	19.06	510.26	30.84	304.78	25.19	47.24
吉林	2 554.65	39.59	936.25	66.07	632.98	74.79	186.18
黑龙江	4 552.93	80.89	2 135.42	66.45	721.16	104.47	119.62
上海	112.73	0.65	27.94	0.45	4.12	1.68	0.38
江苏	4 214.64	11.59	499.70	98.71	934.56	19.83	155.64
浙江	2 489.40	1.07	43.27	16.27	144.46	1.61	17.23
安徽	5 902.77	16.45	667.83	232.78	1 881.03	32.61	539.18
福建	1 286.80	0.29	12.00	10.82	108.89	0.31	12.97
江西	4 599.68	2.05	66.94	53.32	574.74	2.90	37.69
山东	12 419.87	47.69	1 688.82	202.97	1 675.77	98.56	322.30
河南	10 872.73	33.85	1 283.47	353.94	3 830.16	80.22	679.87
湖北	3 842.16	13.84	489.13	111.56	801.16	25.74	214.51
湖南	5 189.24	9.73	292.45	21.96	236.46	3.58	10.45
广东	2 496.68	2.25	91.10	32.73	280.53	3.28	36.73
广西	3 195.91	3.05	132.83	42.58	392.10	4.52	58.79
海南	479.66	4.10	95.21	5.02	47.82	1.48	4.84
重庆	1 162.00	0.37	11.64	0.77	9.25	0.29	0.26
四川	3 694.03	11.50	267.45	12.55	141.66	4.43	11.85
贵州	2 106.65	3.92	95.18	7.31	88.38	1.43	2.88
云南	2 874.45	26.77	618.83	37.12	381.78	4.54	32.08
西藏	464.95	5.14	104.21	13.65	163.83	3.18	8.58
陕西	2 350.17	9.41	315.10	18.48	199.96	16.41	28.56
甘肃	2 279.08	11.62	269.07	54.85	565.40	26.18	105.18
青海	434.99	1.01	26.23	27.71	265.24	0.67	24.46
宁夏	787.28	3.75	100.69	18.21	195.54	7.05	23.96
新疆	1 968.93	34.27	1 039.31	33.49	413.79	60.09	63.46

各地区农业机械年末拥有量（二）

地　区	种植业机械						
	耕整机（万台/套）	机耕船（万艘）	机引犁（万台）	旋耕机（万台）	深松机（万台）	机引耙（万台）	播种机（万台）
全国总计	**667.60**	**16.93**	**1 315.83**	**530.72**	**20.49**	**745.13**	**580.20**
北　京	1.71		0.32	0.50	0.04	0.13	0.81
天　津	1.81		0.72	2.24	0.07	0.10	1.86
河　北	2.38		60.05	25.38	1.82	8.22	51.16
山　西	3.12		21.79	12.17	0.84	4.87	12.53
内蒙古	1.70		58.22	6.19	1.42	16.18	55.57
辽　宁	5.26		10.44	8.35	0.50	2.95	20.13
吉　林	0.48		61.88	20.30	3.35	23.79	49.74
黑龙江	4.44		44.49	18.56	3.01	11.88	58.62
上　海			0.54	0.72		0.32	0.06
江　苏	1.67	0.04	23.18	88.19	0.25	3.09	28.85
浙　江	3.51	0.45	2.95	12.22	0.01	2.14	0.04
安　徽	10.31	0.01	212.40	61.79	1.04	159.53	41.64
福　建	11.67	0.02	1.32	10.05		0.52	
江　西	43.26	0.73	9.72	35.96	0.03	9.38	0.04
山　东	12.40	…	143.95	31.77	2.10	75.62	66.82
河　南	0.95		322.28	21.92	0.90	220.46	129.32
湖　北	35.37	3.07	83.13	54.26	0.08	60.86	4.56
湖　南	157.78	12.20	89.36	11.97	0.16	72.58	0.11
广　东	24.87	0.26	7.68	16.44	0.03	6.21	
广　西	83.06	0.04	19.77	16.17	0.31	18.09	
海　南	8.39	0.07	2.32	1.53	0.08	1.65	
重　庆	47.52		0.03	0.45		0.03	0.05
四　川	91.27	0.03	7.55	16.85	0.02	2.32	1.95
贵　州	38.07	…	2.33	3.36	0.01	1.77	0.03
云　南	45.89	…	13.49	17.19	0.86	7.33	0.11
西　藏	0.49		4.32	0.22		1.22	2.21
陕　西	10.88		14.61	13.10	0.15	0.39	11.95
甘　肃	14.78		42.77	10.00	3.00	20.00	13.80
青　海	1.33		13.22	7.05	0.03	1.52	4.76
宁　夏	1.68	…	16.44	1.88	0.07	3.87	8.65
新　疆	1.55		24.56	3.94	0.31	8.11	14.83

各地区农业机械年末拥有量（三）

地　区	种植业机械						
	水　稻直播机（万台）	水　稻插秧机（万台）	水　稻浅栽机（万台）	化　肥深施机（万台）	地　膜覆盖机（万台）	农用排灌动力机械（万台）	农用水泵（万台）
全国总计	**2.86**	**51.30**	**0.90**	**77.64**	**50.49**	**2 280.56**	**2 211.54**
北　京				0.01	0.01	4.12	3.45
天　津		0.06		0.01	0.37	10.51	8.84
河　北		0.11		6.24	4.11	256.08	172.15
山　西				2.33	2.77	17.02	15.09
内蒙古		0.45		2.90	5.03	38.20	38.67
辽　宁	0.01	2.63	0.06	1.05	0.62	106.06	127.33
吉　林		2.88	0.01	23.80	0.93	46.70	46.77
黑龙江		20.97		1.65	1.22	38.33	46.46
上　海	0.09	0.14				1.32	1.32
江　苏	0.59	9.89		0.39	0.05	60.63	66.29
浙　江	0.02	0.89	0.01	0.51	0.01	99.72	91.87
安　徽	0.21	1.74		9.57	0.78	156.95	173.46
福　建		0.59			0.04	16.61	16.64
江　西	0.03	1.55	0.17	0.63		130.16	81.61
山　东		0.11		2.81	12.60	306.44	296.71
河　南		0.24		10.66	1.53	164.89	222.87
湖　北	1.27	3.33		2.10	0.32	90.26	103.30
湖　南	0.05	1.12		1.93	0.21	230.34	222.14
广　东		0.83	0.01	0.26		81.55	75.39
广　西		1.39	0.02	0.11	0.13	79.49	84.52
海　南		0.09				21.49	18.47
重　庆		1.15	0.01		0.01	93.24	96.15
四　川		0.53	0.60	0.53	0.15	84.59	75.76
贵　州		0.19		0.01	0.04	44.59	43.18
云　南		0.06	…	0.02	0.03	34.69	27.58
西　藏					0.02	0.62	0.50
陕　西	0.01	0.01	0.01	0.88	1.41	38.23	32.19
甘　肃				3.00	7.68	16.08	11.14
青　海				1.26	0.18	0.39	0.37
宁　夏	0.57	0.17		0.59	0.77	3.15	4.03
新　疆	0.01	0.18		4.39	9.47	8.11	7.29

各地区农业机械年末拥有量（四）

地　区	种植业机械						
	节水灌溉类机械（万套）	机动喷雾（粉）机（万台）	茶叶修剪机（万台）	联合收获机（万台）	割晒机（万台）	其他收获机械（万台）	机动脱粒机（万台）
全国总计	**182.56**	**544.31**	**25.34**	**127.88**	**48.23**	**131.02**	**1 042.32**
北　京	1.05	2.95		0.22		0.20	0.42
天　津	0.27	0.96		0.56	0.03	0.44	2.14
河　北	4.94	50.15		10.14	3.38	12.70	21.19
山　西	1.13	3.99		2.21	1.04	3.37	8.16
内蒙古	6.17	7.95		1.59	3.28	12.79	10.15
辽　宁	12.33	9.55		1.09	0.40	3.25	13.77
吉　林	3.40	1.23		3.07	0.35	1.28	16.89
黑龙江	3.62	10.25		7.62	1.77	9.42	16.88
上　海	0.75	2.29		0.26		0.04	0.28
江　苏	4.96	67.11	0.75	11.81	0.33	14.13	18.39
浙　江	2.55	21.84	3.91	1.88	0.01	1.22	85.89
安　徽	19.97	42.80	5.04	12.85	8.96	2.91	36.17
福　建	1.52	11.20	5.39	0.63	0.03	2.96	10.27
江　西	13.85	20.12	0.36	6.19	0.07	0.75	86.34
山　东	48.69	48.85	0.32	21.49	5.78	17.39	40.09
河　南	19.73	27.66	0.99	17.71	6.69	20.86	53.67
湖　北	4.77	55.07	3.62	6.69	1.77	4.44	24.28
湖　南	0.86	37.66	0.37	8.47	0.21	1.32	127.43
广　东	10.40	23.92	0.33	2.08	0.15	1.22	55.08
广　西	6.13	11.46	0.28	2.22	5.42	2.13	88.54
海　南	0.78	7.81	0.03	0.42	0.56		4.44
重　庆	0.12	5.87	0.25	0.45	0.40	0.48	61.86
四　川	2.19	28.38	2.16	1.85	1.00	1.54	126.65
贵　州	0.86	3.59	0.28	0.11	0.17	1.25	30.33
云　南	1.12	10.67	0.86	0.51	0.16	0.10	33.92
西　藏		0.59		0.53	1.54	0.63	4.71
陕　西	2.20	18.03	0.32	3.22	0.22	3.36	34.64
甘　肃	1.23	3.50	0.08	0.49	1.96	3.48	19.58
青　海	0.28	0.29		0.13	0.23	0.30	2.50
宁　夏	0.53	0.42		0.69	0.09	0.95	2.08
新　疆	6.16	8.15		0.70	2.23	6.11	5.58

各地区农业机械年末拥有量（五）

地区	种植业机械				四、农产品初加工机械		
	谷物烘干机	种子加工机械	保鲜储藏设备	温室	初加工动力机械		初加工作业机械
	（万台）	（万台）	（万台/套）	（万平方米）	（万台）	（万千瓦）	（万台）
全国总计	**3.60**	**3.34**	**6.86**	**1 450 259.43**	**1 461.71**	**8 920.87**	**1 316.74**
北京	…		0.11	19 679.99	0.59	5.43	0.61
天津			0.01	30 827.26	2.37	8.78	0.70
河北	0.01	0.12	0.09	199 736.08	98.67	904.76	48.54
山西	0.03	0.03	0.09	52 998.52	22.91	194.97	17.88
内蒙古	0.04	0.60	0.01	51 881.99	10.36	92.74	6.73
辽宁	0.05	…	0.58	219 943.99	21.73	135.31	15.53
吉林	0.11	0.19		16 956.02	15.57	147.08	12.89
黑龙江	0.13	0.77	0.01	19 241.24	12.67	139.67	5.96
上海	0.04	0.01	0.10	6 952.23	0.35	3.10	0.35
江苏	0.42	0.05	0.97	162 238.05	26.14	254.56	23.55
浙江	0.31	0.01	0.50	37 042.47	20.19	135.79	50.71
安徽	0.32	0.03	0.28	13 426.00	49.23	344.11	51.83
福建	0.03	0.01	0.83	5 798.50	62.60	212.35	63.95
江西	0.09	0.04	0.07	5 882.83	66.88	684.90	47.91
山东	0.04	0.19	0.53	275 414.96	99.89	893.53	49.65
河南	0.06	0.12	0.40	67 615.27	82.71	594.05	54.47
湖北	0.12	0.06	0.26	21 177.47	92.41	459.76	92.84
湖南	0.16		0.02	4 485.77	135.68	709.60	130.13
广东	0.03		0.61	11 820.29	28.58	232.12	23.66
广西	0.07		0.05	316.13	86.27	461.44	85.91
海南		0.19	0.15	27 260.78	2.51	27.54	2.41
重庆	0.26	0.04	0.18	3 280.00	95.45	327.68	108.56
四川	0.03		0.03	36 641.67	146.91	602.39	175.69
贵州	0.43	…	0.01	393.88	121.21	512.03	119.24
云南	0.15	0.02	0.13	22 733.55	80.59	417.52	78.20
西藏		0.02		938.47	1.36	5.44	1.37
陕西	0.17	0.03	0.44	37 606.19	39.38	197.39	24.58
甘肃	0.15	0.61	0.20	39 434.48	30.00	125.50	14.85
青海		0.02	…	1 845.13	1.34	9.90	2.66
宁夏	0.12	0.03	0.01	18 197.38	2.49	25.77	2.14
新疆	0.23	0.14	0.20	38 492.84	4.67	55.66	3.24

各地区农业机械年末拥有量（六）

地　区	畜牧养殖机械		渔业机械		林果业机械	
	（万台/套）	（万千瓦）	（万台）	（万千瓦）	（万台）	（万千瓦）
全国总计	**661.70**	**2 073.61**	**348.78**	**1 740.95**	**27.62**	**129.73**
北　京	1.04	6.12	1.36	4.14	0.46	1.50
天　津	0.69	5.63	5.88	12.72	0.02	0.68
河　北	13.37	80.84	5.56	58.80	0.28	3.14
山　西	8.33	38.36	0.13	0.36	0.43	2.21
内蒙古	22.75	130.14	0.17	0.97	0.22	1.61
辽　宁	19.65	78.35	7.27	19.13	0.64	3.83
吉　林	13.12	84.73	0.65	1.83	0.07	1.07
黑龙江	21.23	43.55	0.40	1.38	0.21	2.53
上　海	0.18	2.25	2.57	25.05	0.09	0.16
江　苏	13.83	85.05	73.47	165.63	1.54	7.52
浙　江	5.32	25.26	23.54	452.11	2.75	7.09
安　徽	7.49	40.89	6.25	26.54	2.64	6.29
福　建	4.19	28.66	16.16	226.54	1.53	7.87
江　西	7.87	65.30	9.16	39.00	1.47	15.84
山　东	19.11	112.53	12.58	233.30	1.00	6.74
河　南	22.60	79.03	3.87	15.14	0.29	2.58
湖　北	37.27	81.98	35.79	63.98	2.60	18.69
湖　南	25.70	101.34	12.76	36.53	0.89	6.51
广　东	11.01	75.40	92.26	274.04	1.56	12.48
广　西	35.20	70.71	7.19	10.78	0.55	1.32
海　南	0.75	7.45	6.95	19.95	0.06	1.64
重　庆	50.14	66.98	5.63	11.95	0.64	1.93
四　川	62.58	128.87	14.84	25.55	0.45	1.88
贵　州	36.79	110.93	0.10	0.60	0.41	3.25
云　南	133.60	199.49	1.82	7.63	0.28	0.84
西　藏	1.16	2.16				
陕　西	33.87	122.49	1.22	3.52	1.55	5.21
甘　肃	27.41	113.94	0.09	0.70	0.01	0.02
青　海	1.71	8.85				
宁　夏	15.03	59.71	0.64	1.24	2.43	4.08
新　疆	8.71	16.62	0.47	1.84	2.55	1.22

各地区农业机械年末拥有量（七）

地区	运输机械			农田基本建设机械	其他机械	农业机械原值和净值	
	农用运输车	手扶变型运输机	农用挂车		农用飞机	原值	净值
	（万台）	（万台）	（万台）	（万台）	（架）	（亿元）	（亿元）
全国总计	**1 396.23**	**88.09**	**812.20**	**44.95**	**124**	**7 805.61**	**5 683.14**
北京	5.04	0.07	0.63	0.11		26.96	17.87
天津	12.57		0.26	0.37	3	38.16	27.21
河北	269.81	0.13	80.07	3.42	2	576.80	402.65
山西	98.08		7.10	1.89		214.31	157.92
内蒙古	45.14		58.08	0.74		329.35	242.18
辽宁	49.68	0.57	20.47	1.35	11	207.29	155.41
吉林	15.71	0.31	43.43	0.28		244.76	178.87
黑龙江	15.83	0.01	38.40	0.42	44	579.57	466.17
上海			0.02				
江苏	24.09	5.70	16.15	7.49	4	409.43	292.38
浙江	8.88	4.97	0.48	2.83	1	261.10	174.45
安徽	67.60	16.82	102.35	1.33		491.51	336.49
福建	4.14	8.49	2.42	0.98		119.20	78.45
江西	25.95	12.59	0.56	3.91		355.29	242.29
山东	284.12	0.97	122.63	4.21	8	748.76	582.18
河南	219.32	0.12	115.41	1.79		740.44	554.20
湖北	23.34	0.40	81.90	2.62	9	324.11	227.70
湖南	21.97	4.07	1.03	1.68	6	300.28	221.21
广东	10.39	2.42	12.61	1.76	3	187.73	122.75
广西	4.88	20.86	0.85	0.94		241.15	163.09
海南	2.66	0.10	0.56	0.11		47.41	34.70
重庆	3.82	3.09	0.06	0.39		93.28	75.42
四川	12.58	3.65	7.14	1.30		265.53	186.03
贵州	13.31	1.62	3.77	0.67		101.41	72.47
云南	10.13	0.30	3.88	0.55		180.31	133.79
西藏	2.93	0.20	10.21	0.01		45.83	27.50
陕西	55.97	0.01	3.89	1.35		189.02	135.22
甘肃	63.29	0.62	11.00	0.50		156.13	109.83
青海	2.86		19.49	0.08		32.86	24.25
宁夏	17.75		8.29	0.39		70.95	49.41
新疆	4.39		39.06	1.48	33	226.68	191.05

九、农村能源

各地区农村能源管理推广机构情况

地　　区	机构（个）	省级	地、县级	乡级	人员（人）	省级	地、县级	乡级	#大专及以上人员
全国总计	**12 971**	**40**	**3 040**	**9 891**	**39 930**	**547**	**18 109**	**21 274**	**26 681**
北　京	44	2	15	27	199	10	148	41	142
天　津	8	1	7		52	3	49		38
河　北	471	2	184	285	1 418	24	860	534	945
山　西	503	1	122	380	1 346	31	716	599	979
内蒙古	415	1	96	318	2 178	43	984	1 151	1 174
辽　宁	837	1	96	740	1 666	20	397	1 249	972
吉　林	67	2	65		565	8	552	5	407
黑龙江	508	2	256	250	1 232	31	618	583	924
上　海	1	1		5	5				5
江　苏	115	1	91	23	743	8	497	238	510
浙　江	110	1	82	27	439	21	344	74	363
安　徽	238	2	120	116	718	30	513	175	566
福　建	337	1	79	257	707	15	301	391	490
江　西	1 056	1	111	944	1 698	14	492	1 192	897
山　东	770	1	161	608	2 338	7	794	1 537	1 692
河　南	890	1	163	726	3 358	34	1 339	1 985	2 063
湖　北	459	1	110	348	1 963	25	884	1 054	1 176
湖　南	180	1	140	39	1 034	14	981	39	785
广　东	525	1	93	431	1 403	15	467	921	984
广　西	783	1	121	661	2 089	21	788	1 280	1 255
海　南	89	1	21	67	480	12	171	297	262
重　庆	350	1	35	314	915	9	248	658	581
四　川	1 067	1	189	877	2 856	31	1 167	1 658	1 914
贵　州	1 086	2	105	979	2 576	15	577	1 984	2 016
云　南	963	2	159	802	2 800	16	927	1 857	1 646
西　藏	67	1	66		136	4	132		136
陕　西	385	1	113	271	2 035	4	1 316	715	1 276
甘　肃	380	1	99	280	1 756	27	1 149	580	1 445
青　海	24	1	23		192	7	175	10	162
宁　夏	49	1	25	23	309	25	177	107	273
新　疆	194	3	93	98	724	18	346	360	603

各地区农村能源经费投入情况（一）

单位：万元

地　　区	政府合计		中央投入	省级投入		地级投入	
	拨　款	贷　款		拨　款	贷　款	拨　款	贷　款
全国总计	**770 168**	**10 165**	**477 719**	**198 729**		**39 078**	**78**
北　　京	43 946			40 976			
天　　津	2 082			2 082			
河　　北	22 799		19 078	1 300		484	
山　　西	9 915		3 122	4 600		1 831	
内 蒙 古	11 836		9 795	2 041			
辽　　宁	12 067		4 843	1 993		4 283	
吉　　林	6 962		5 218	1 745			
黑 龙 江	10 388		7 862	39		300	
上　　海	1 002			900			102
江　　苏	37 318		7 549	25 071		1 523	
浙　　江	11 678		3 334	1 469			
安　　徽	24 263	378	17 026	4 234		629	78
福　　建	10 273		7 459	2 000		489	
江　　西	13 833		8 912	4 032		144	
山　　东	35 713		10 024	11 022		8 041	
河　　南	29 501		22 347	1 765		2 754	
湖　　北	49 643	4 971	30 263	16 000		1 162	
湖　　南	34 364		27 781	1 713		987	
广　　东	10 317		1 393	7 094		899	
广　　西	28 368		21 730	5 058		605	
海　　南	8 436		5 847	1 985		349	
重　　庆	21 947	115	18 808	825			
四　　川	55 253	4 170	37 100	10 204		4 559	
贵　　州	58 397		43 493	10 501		3 785	
云　　南	32 343		11 115	18 156		2 019	
西　　藏	92 961		71 145	16 977		2 420	
陕　　西	33 249		28 986	1 837		980	
甘　　肃	15 504		13 102	1 800		52	
青　　海	3 526		3 526				
宁　　夏	18 213	530	16 804	182		15	
新　　疆	24 073		20 057	1 131		668	

各地区农村能源经费投入情况（二）

单位：万元

地 区	县级投入		乡级投入		用户自筹		其他投入
	拨 款	贷 款	拨 款	贷 款	资 金	投劳折资	
全国总计	**49 751**	**5 286**	**4 891**	**101**	**671 331**	**120 212**	**8 773**
北 京	2 545		425		1 063		
天 津			2 337				
河 北	1 877		60		59 755	2 279	
山 西	362				1 744	25	1 229
内 蒙 古					17 514	4 930	
辽 宁	885		64		9 524	657	
吉 林						1 842	
黑 龙 江	1 876				12 189	2 048	
上 海			94				
江 苏	2 764		411		17 423	1 163	186
浙 江	6 115		759		21 162	780	
安 徽	2 339	300	35		21 593	3 212	
福 建	308		17		9 855	1 026	
江 西	686		60		24 708	6 358	3 294
山 东	5 948		678		60 605	3 252	
河 南	2 389		247		45 246	228	
湖 北	2 208	4 971	10		59 908	10 162	
湖 南	3 446		436		40 574	9 307	185
广 东	898		32		16 588	2 376	1 088
广 西	971		4		18 282	2 786	
海 南	255				5 164		
重 庆	2 310	14	3	101	19 906	9 205	50
四 川	3 134		255		93 373	11 509	1 811
贵 州	579		39		11 255	12 269	182
云 南	1 035		18		32 302	6 062	748
西 藏	2 420					20 100	
陕 西	1 447				28 327	4 452	
甘 肃	508		42		18 381	1 114	
青 海						457	
宁 夏	228		985		7 077	1 300	
新 疆	2 217				15 384	1 313	

各地区户用沼气池情况

地区	年初数（万户）	本年新增（户）	本年报废（户）	年末累计（万户）	本年利用（万户）	年总产气量（万立方米）	年户均产气量（立方米）
全国总计	**3 997.5**	**1 738 011**	**882 655**	**4 083.0**	**3 652.3**	**1 377 787**	**377**
北　京	0.9		584	0.8	0.8	217	260
天　津	4.5	3 200	345	4.7	4.6	1 465	321
河　北	306.4	46 713	195 411	291.5	252.9	87 606	346
山　西	71.2	1 200	4 795	70.8	52.7	17 007	323
内蒙古	54.7	45 400	101 973	49.1	41.3	10 339	250
辽　宁	59.1	17 000	8 016	60.0	47.7	13 906	292
吉　林	14.3	13 996	3 261	15.4	12.1	3 520	291
黑龙江	29.6	3 877	722	29.9	21.0	5 127	478
上　海							
江　苏	69.0	31 100	10 650	71.1	64.6	21 288	330
浙　江	14.9	6 136	5 507	15.0	14.5	6 664	460
安　徽	79.1	51 610	12 460	83.0	72.1	25 068	347
福　建	47.5	8 909	11 530	47.3	45.2	22 587	500
江　西	166.3	71 550	24 493	171.0	140.6	55 404	394
山　东	235.5	125 557	66 587	241.4	209.9	76 902	366
河　南	361.2	118 371	40 160	369.0	342.2	109 760	321
湖　北	295.6	127 199	74 058	300.9	271.8	99 664	367
湖　南	227.2	98 021	28 344	234.1	209.3	90 236	431
广　东	42.9	21 022	10 034	44.0	44.0	19 545	444
广　西	364.9	118 616	13 935	375.4	365.5	155 044	424
海　南	34.5	5 200	25 300	32.5	32.5	23 420	720
重　庆	145.4	102 407	25 976	153.0	128.3	42 214	329
四　川	546.4	272 416	49 012	568.8	558.7	197 464	353
贵　州	193.0	58 057	31 407	195.7	153.6	66 529	433
云　南	281.0	151 688	27 679	293.4	275.8	131 190	476
西　藏	18.5	25 000	5 250	20.5	15.8	6 064	385
陕　西	124.0	101 119	45 282	129.6	93.7	31 753	339
甘　肃	111.7	60 250	7 609	116.9	105.4	36 677	348
青　海	16.1	1 900		16.3	13.5	3 372	249
宁　夏	24.9	5 920	7 444	24.7	16.7	5 429	325
新　疆	57.2	44 577	44 831	57.2	45.5	12 327	580

各地区沼气工程情况（一）

地区	合计（处）				处理工业废弃物工程			
					年初数（处）	年末累计		
	年初数	本年新增	本年报废	年末累计		数量（处）	总池容（万立方米）	年产气量（万立方米）
全国总计	**81 041**	**12 762**	**1 851**	**91 952**	**338**	**338**	**80.40**	**30 992.00**
北京	144	4	1	147				
天津	303	320	8	615	1	1	1.50	1 095.00
河北	2 617	242	40	2 819	9	9	3.07	671.14
山西	331	27	6	352				
内蒙古	266	62		328				
辽宁	1 068	140	85	1 123				
吉林	59			59				
黑龙江	1 121	40	6	1 155			0.00	0.00
上海	72	4		76				
江苏	2 994	639	19	3 614	96	97	2.74	594.05
浙江	16 860	989	440	17 409				
安徽	1 395	375	31	1 739	14	12	10.57	4 440.17
福建	5 025	435	465	4 995				
江西	5 136	660	51	5 745	13	13	0.28	27.52
山东	3 908	1 007	42	4 873	51	54	11.80	4 217.99
河南	5 080	292	73	5 299	24	24	35.78	16 582.95
湖北	2 386	846	7	3 225	7	5	1.47	508.04
湖南	15 028	2 050	97	16 981	3	3	0.05	3.50
广东	3 003	2 613	64	5 552				
广西	2 791	82	81	2 792	14	14	4.47	60.74
海南	1 432	98	90	1 440	41	16	1.43	423.89
重庆	2 091	141	64	2 168				
四川	4 349	716	112	4 953	47	68	5.67	1 910.18
贵州	1 265	177	7	1 435				
云南	141	19		160	14	14	0.94	252.66
西藏		10		10				
陕西	1 563	563	54	2 072		4	0.06	1.10
甘肃	201	3	7	197	1	1	0.40	164.80
青海	115	35		150				
宁夏	65	29	1	93	3	3	0.19	38.27
新疆	232	144		376			0.00	0.00

注：年末累计减年初数减本年新增为本年报废处。

各地区沼气工程情况（二）

地区	处理农业废弃物工程							
	年初数（处）	年末累计			大型沼气工程			
		数量（处）	总池容（万立方米）	年产气量（万立方米）	年初数（处）	年末累计		
						数量（处）	总池容（万立方米）	年产气量（万立方米）
全国总计	**80 703**	**91 614**	**1 353**	**167 367.79**	**4 651**	**5 246**	**450**	**85 949.73**
北京	144	147	9	2 399.99	50	51	4	1 255.53
天津	302	614	5	1 166.90	13	19	2	578.57
河北	2 608	2 810	37	6 930.86	140	181	15	4 479.02
山西	331	352	8	2 137.40	102	116	6	1 736.90
内蒙古	266	328	16	2 878.73	61	71	7	1 440.81
辽宁	1 068	1 123	34	1 868.83	36	42	5	777.08
吉林	59	59	2	545.65	41	41	2	511.00
黑龙江	1 121	1 155	23	4 532.35	116	136	15	3 912.35
上海	72	76	5	799.37	23	27	3	610.85
江苏	2 898	3 517	84	9 364.06	214	249	21	4 324.34
浙江	16 860	17 409	162	13 053.26	102	118	14	1 441.38
安徽	1 381	1 727	22	2 649.81	121	143	12	2 053.68
福建	5 025	4 995	61	9 720.00	271	275	28	5 087.00
江西	5 123	5 732	101	7 414.77	442	494	47	3 460.20
山东	3 857	4 819	84	12 593.23	256	274	30	7 380.09
河南	5 056	5 275	108	12 710.19	533	582	49	8 545.25
湖北	2 379	3 220	36	5 334.44	143	175	12	3 025.50
湖南	15 025	16 978	95	6 339.49	170	223	19	1 952.34
广东	3 003	5 552	145	15 658.02	541	623	54	6 472.01
广西	2 777	2 778	34	2 976.32	74	78	6	806.35
海南	1 391	1 424	35	8 751.41	345	355	20	5 623.20
重庆	2 091	2 168	51	2 773.54	139	147	12	1 154.97
四川	4 302	4 885	117	25 914.30	416	445	39	14 407.45
贵州	1 265	1 435	22	2 695.42	74	100	6	1 413.78
云南	127	146	3	157.12	16	18	2	106.43
西藏		10		120.00				
陕西	1 563	2 068	34	1 625.69	95	130	10	716.96
甘肃	200	196	7	1 482.45	56	59	5	1 217.01
青海	115	150	2	84.00	22	24	1	64.00
宁夏	62	90	6	1 053.21				
新疆	232	376	8	1 636.99	39	50	5	1 395.70

各地区沼气工程情况（三）

地区	处理农业废弃物工程							
		中型沼气工程			小型沼气工程			
	年初数（处）	数量（处）	总池容（万立方米）	年产气量（万立方米）	年初数（处）	年末累计		
						数量（处）	总池容（万立方米）	年产气量（万立方米）
全国总计	**9 016**	**9 767**	**382.23**	**38 294.41**	**67 027**	**76 588**	**507.68**	**39 194.65**
北京	82	82	2.58	610.29	11	13	0.27	74.28
天津	3	2	0.06	9.00	286	593	2.73	579.33
河北	9	10	0.32	94.20	2 457	2 617	20.26	1 828.90
山西	33	36	1.09	276.27	196	200	0.77	124.23
内蒙古	16	16	0.59	116.92	186	238	4.76	119.00
辽宁	663	633	27.30	1 009.59	369	448	2.15	82.17
吉林	5	5	0.15	30.00	13	13	0.05	4.65
黑龙江	3	3	0.24	0.10	1 002	1 016	7.72	619.90
上海	41	41	2.18	168.73	8	8	0.41	19.79
江苏	491	1 008	36.69	2 181.76	2 193	2 260	26.52	2 857.95
浙江	929	658	26.54	2 494.71	15 829	16 633	120.78	9 117.17
安徽	38	28	1.17	69.84	1 222	1 556	9.16	526.29
福建	658	693	24.32	3 823.00	4 096	4 027	9.42	810.00
江西	578	608	24.18	1 653.67	4 103	4 630	29.49	2 300.90
山东	204	239	9.61	1 323.05	3 396	4 305	42.28	2 890.09
河南	732	794	27.41	2 005.11	3 791	3 898	30.68	1 979.83
湖北	45	51	1.65	290.47	2 191	2 993	21.42	1 936.47
湖南	607	613	18.68	779.78	14 248	16 142	57.11	3 607.37
广东	654	909	53.18	6 361.92	1 808	4 016	35.68	2 347.76
广西	492	440	17.71	934.79	2 211	2 260	9.41	1 235.18
海南	378	357	10.71	2 313.36	668	712	4.47	814.85
重庆	597	590	26.46	782.73	1 355	1 431	12.45	835.84
四川	1 277	1 406	47.82	8 738.54	2 607	3 034	29.89	2 768.32
贵州	140	176	5.58	643.10	1 051	1 159	9.91	638.54
云南	9	9	0.37	3.60	102	119	0.83	47.09
西藏		10	0.40	120.00				
陕西	255	245	8.92	321.58	1 213	1 693	15.04	587.15
甘肃	9	9	0.36	51.96	135	128	0.85	213.47
青海					93	126	1.00	20.00
宁夏	62	90	5.77	1 053.21				
新疆	6	6	0.22	33.15	187	320	2.17	208.14

各地区生活污水净化沼气池情况（一）

地区	合计						村级处理系统	
	年初数		本年新增		年末累计		年初数	
	池数（处）	总池容（万立方米）	池数（处）	总池容（万立方米）	池数（处）	总池容（万立方米）	池数（处）	总池容（万立方米）
全国总计	**198 347**	**930.08**	**12 219**	**48.61**	**208 551**	**970.03**	**68 505**	**214.75**
北京								
天津	8	0.06			8	0.06		
河北	177	1.14	1	0.01	159	0.94	14	0.26
山西	31	0.07			28	0.06		
内蒙古	5	0.23			5	0.23		
辽宁								
吉林	3	0.05			3	0.05	3	0.05
黑龙江								
上海								
江苏	32 659	114.08	2 232	4.63	34 866	118.57	996	4.53
浙江	69 610	216.76	5 892	21.69	75 403	237.49	60 131	154.17
安徽	1 469	4.73	69	0.25	1 505	4.66	73	0.77
福建	1 518	3.07			1 111	2.41	505	1.02
江西	1 940	6.49	21	0.10	1 947	6.53	284	1.46
山东	171	1.51	3	0.07	159	1.45	31	0.09
河南	712	2.86	8	0.08	649	2.80	10	0.13
湖北	1 278	7.30	17	0.17	1 287	7.43	68	0.56
湖南	2 050	9.88	55	0.20	2 045	9.77	489	0.95
广东	3 819	6.48	2 712	2.90	6 445	9.30	2 227	2.34
广西	570	3.88	3	0.05	354	3.54	88	0.20
海南								
重庆	17 674	121.13	141	2.99	17 186	121.12	1 186	16.43
四川	64 033	424.82	1 039	14.92	64 756	437.60	2 158	29.21
贵州	307	2.01	25	0.54	332	2.56	120	0.70
云南	138	2.30	1	0.01	139	2.31	117	1.87
西藏								
陕西	123	0.87			123	0.87		
甘肃	45	0.29			34	0.22	5	0.02
青海								
宁夏	7	0.06			7	0.06		
新疆								

注：年末累计减年初数减本年新增为本年报废处。

各地区生活污水净化沼气池情况（二）

地　　区	村级处理系统				学　校			
	本年新增		年末累计		年初数		本年新增	
	池数（处）	总池容（万立方米）	池数（处）	总池容（万立方米）	池数（处）	总池容（万立方米）	池数（处）	总池容（万立方米）
全国总计	**6 177**	**24. 14**	**74 454**	**237. 38**	**7 263**	**54. 55**	**474**	**3. 95**
北　京								
天　津								
河　北	1	0. 01	10	0. 14	127	0. 62		
山　西								
内蒙古					5	0. 23		
辽　宁								
吉　林			3	0. 05				
黑龙江								
上　海								
江　苏	56	0. 15	1 050	4. 67	1 254	5. 01	190	0. 66
浙　江	5 791	20. 46	65 874	174. 01	408	4. 52	10	0. 08
安　徽	4	0. 08	55	0. 58	220	1. 25		
福　建			499	0. 98	101	0. 65		
江　西	9	0. 06	288	1. 49	435	2. 15	8	0. 03
山　东			31	0. 09	129	1. 34	3	0. 07
河　南			10	0. 13	633	2. 47	8	0. 08
湖　北	13	0. 13	81	0. 69	630	4. 39	4	0. 04
湖　南	16	0. 05	499	0. 95	545	3. 15	2	0. 02
广　东	102	0. 03	2 243	2. 29	6	0. 10	120	0. 60
广　西	2	0. 03	82	0. 20	277	3. 35	1	0. 02
海　南								
重　庆	4	0. 15	1 175	16. 53	599	7. 42	10	0. 19
四　川	156	2. 48	2 291	31. 50	1 529	15. 09	116	2. 12
贵　州	23	0. 50	143	1. 20	187	1. 32	2	0. 04
云　南			117	1. 87	10			
西　藏								
陕　西					123	0. 87		
甘　肃			3	0. 01	38	0. 26		
青　海								
宁　夏					7	0. 06		
新　疆								

各地区生活污水净化沼气池情况（三）

地区	学校		其他公共场所					
	年末累计		年初数		本年新增		年末累计	
	池数（处）	总池容（万立方米）	池数（处）	总池容（万立方米）	池数（处）	总池容（万立方米）	池数（处）	总池容（万立方米）
全国总计	**7 584**	**57.73**	**122579.2**	**660.77**	**5 568**	**20.52**	**126 513**	**674.92**
北京								
天津			8	0.06			8	0.06
河北	119	0.59	36	0.26			30	0.20
山西			31	0.07			28	0.06
内蒙古	5	0.23						
辽宁								
吉林								
黑龙江								
上海								
江苏	1 426	5.56	30 409	104.54	1 986	3.82	32 390	108.34
浙江	412	4.57	9 071	58.07	91	1.15	9 117	58.91
安徽	220	1.25	1 176	2.71	65	0.17	1 230	2.83
福建	100	0.63	912	1.40			512	0.80
江西	440	2.17	1 221	2.88	4	0.01	1 219	2.87
山东	120	1.30	11	0.09			8	0.07
河南	573	2.42	69	0.27			66	0.25
湖北	626	4.39	580	2.35			580	2.35
湖南	543	3.14	1 016	5.78	37	0.13	1 003	5.68
广东	126	0.70	1 586	4.04	2 490	2.27	4 076	6.3
广西	272	3.34	205	0.33				
海南								
重庆	598	7.50	15 889.2	97.28	127	2.65	15 413	97.09
四川	1 644	17.13	60 346	380.53	767	10.31	60 821	388.97
贵州	189	1.36						
云南	10	0.31	11	0.13	1	0.01	12	0.14
西藏								
陕西	123	0.87						
甘肃	31	0.20	2					
青海								
宁夏	7	0.06						
新疆								

各地区省柴节煤灶及节能炕情况

地　　区	省柴节煤灶（万台）			节能炕（万铺）		
	年初数	本年新增	年末累计	年初数	本年新增	年末累计
全国总计	**12 883.70**	**173.07**	**12 522.96**	**1 954.92**	**29.55**	**1 936.58**
北　　京	9.54		7.53	41.40		39.12
天　　津	38.94	0.02	36.76			
河　　北	522.50	5.34	505.21	142.99	4.28	139.99
山　　西	41.86	1.93	40.36	33.21	3.20	33.51
内 蒙 古	167.77	0.02	158.20	42.05	0.02	40.84
辽　　宁	325.54	4.13	327.60	449.89	10.74	451.18
吉　　林	256.43	1.26	252.67	280.23	1.35	277.09
黑 龙 江	211.13	2.95	213.85	324.98	2.48	326.98
上　　海						
江　　苏	779.66	7.26	767.01			
浙　　江	539.34	2.47	486.50			
安　　徽	787.07	0.74	769.24			
福　　建	165.31		152.36			
江　　西	515.60	11.51	516.03			
山　　东	1 066.10	9.28	1 029.00	351.28	1.95	344.43
河　　南	1 174.40	7.26	1 120.62			
湖　　北	741.36	27.55	635.64			
湖　　南	761.81	17.09	754.56			
广　　东	662.78	1.69	661.04			
广　　西	738.95	13.27	744.48			
海　　南	88.15		87.04			
重　　庆	362.12	6.00	353.36			
四　　川	1 146.04	18.62	1 142.22	…	…	
贵　　州	353.56	11.55	341.44			
云　　南	598.16	12.50	600.25			
西　　藏						
陕　　西	209.75	5.66	211.01	71.84	1.19	70.93
甘　　肃	342.08	3.63	330.28	189.72	3.83	184.90
青　　海	81.50		81.50	3.63	0.01	3.63
宁　　夏	50.03	0.87	50.56	20.69	0.51	20.97
新　　疆	146.20	0.49	146.66	3.01		3.01

注：年末累计减年初数减本年新增为本年报废处。

各地区节能炉及燃池情况

地　区	节能炉（万台）			燃池（万个）		
	年初数	本年新增	年末累计	年初数	本年新增	年末累计
全国总计	**3 235.50**	**91.77**	**3 184.55**	**19.57**	**0.26**	**19.56**
北　京	5.19		4.46			
天　津	41.30	0.06	38.76			
河　北	609.84	13.70	603.48	5.04	0.03	4.83
山　西	66.15	0.30	64.04			
内蒙古	13.68	0.02	13.18	0.23		0.22
辽　宁	0.65	1.86	2.37	1.96	0.05	2.00
吉　林	103.32	3.01	98.26			
黑龙江	70.08	2.25	71.92	12.34	0.18	12.51
上　海						
江　苏	48.27	10.26	58.13			
浙　江	5.84	0.05	5.25			
安　徽	117.42	0.96	111.29			
福　建						
江　西	104.50	2.78	102.05			
山　东	644.15	8.82	631.45			
河　南	259.55	6.44	248.77			
湖　北	137.92	10.68	142.48			
湖　南	356.62	12.25	349.69			
广　东	0.06	0.01	0.07			
广　西	2.44	0.08	2.30			
海　南						
重　庆	70.20	0.81	60.57			
四　川	244.10	5.15	240.27	…	…	
贵　州	94.51	3.16	94.30			
云　南	2.36		2.36			
西　藏						
陕　西	77.29	2.48	76.98			
甘　肃	151.43	3.66	150.45			
青　海	3.84	2.64	6.48			
宁　夏	2.06	0.24	2.30			
新　疆	2.76	0.11	2.87			

注：年末累计减年初数减本年新增为本年报废处。

各地区太阳能利用情况（一）

地区	太阳热水器（万平方米）			太阳灶（台）		
	年初数	本年新增	年末累计	年初数	本年新增	年末累计
全国总计	**6 232**	**650**	**6 802**	**2 139 454**	**159 751**	**2 207 246**
北京	66	13	79	1 297		1 222
天津	34	3	35			
河北	562	33	586	7 616	29 705	36 059
山西	402	3	404	9 508	9 930	18 242
内蒙古	52	6	57	44 684	2 225	45 880
辽宁	111	8	117	1 140	30	1 039
吉林	44	11	51	1 404	250	1 235
黑龙江	64	4	68	511		511
上海	69	9	78			
江苏	668	69	729			
浙江	507	52	555			
安徽	464	50	503			
福建	40	1	41			
江西	131	22	151			
山东	968	102	1 055	6 398	476	6 690
河南	399	51	444	5		4
湖北	259	35	292			
湖南	143	22	164			
广东	22	8	30	22		22
广西	51	16	67			
海南	390		390			
重庆	17	10	27			
四川	98	28	122	121 728		121 728
贵州	42	7	49			
云南	210	54	262	264		264
西藏	128		128	371 615		371 615
陕西	134	21	148	180 509	49 173	223 836
甘肃	76	7	82	749 820	40 340	730 301
青海	3		3	241 318		241 318
宁夏	28	4	32	391 923	25 273	395 471
新疆	49	3	52	9 692	2 349	11 809

注：年末累计减年初数减本年新增为本年报废处。

各地区太阳能利用情况（二）

地区	太阳房（万平方米）			户用太阳房（万平方米）			太阳能校舍（万平方米）		
	年初数	本年新增	年末累计	年初数	本年新增	年末累计	年初数	本年新增	年末累计
全国总计	**2 236**	**154**	**2 352**	**2 136**	**146**	**2 242**	**63**	**3**	**64**
北京	50	43	93	50	43	93			
天津	1		1			…	1		1
河北	157	2	150	147	2	140	9		9
山西									
内蒙古	108	…	101	104	0.11	98			
辽宁	510	28	535	475	28	500	23		23
吉林	289		289	286		286	4		4
黑龙江	403	48	449	396	39	433	7		7
上海	5		5						
江苏	6		5	5		5			
浙江									
安徽									
福建									
江西									
山东	15	3	18	12	1	12	3	2	5
河南	2		2	1		1	1		1
湖北									
湖南	7		7						
广东	1						1		
广西									
海南									
重庆									
四川	2		2	2		2			
贵州									
云南									
西藏									
陕西	1		1						
甘肃	235	19	239	224	19	228	7		7
青海	417	15	428	416	14	426	2		2
宁夏	16	…	16	9	0	9	5		5
新疆	9		9	9		9			

各地区秸秆优质化能源利用情况（一）

单位：处、万户

地区	秸秆热解气化集中供气					秸秆沼气集中供气				
	年初数	本年新增	年末累计	运行数量数	供气户数	年初数	本年新增	年末累计	运行数量数	供气户数
全国总计	**952**	**44**	**961**	**587**	**21.93**	**341**	**77**	**409**	**344**	**7.15**
北京	137	8	145	102	3.47	2		2	2	0.01
天津	55		48	8	0.44	3		3	2	0.13
河北	31	1	29	17	0.76	20	9	29	25	1.81
山西	106	1	107	107	3.80	11		11	11	1.07
内蒙古	3		3	3	0.06	2		2	2	0.05
辽宁	273	1	268	54	2.19	1	2	3		
吉林	17		17	11	0.21					
黑龙江	38		32	18	0.55	7		7	4	0.12
上海										
江苏	185	16	197	173	6.05	38	22	59	40	0.32
浙江						47	25	72	71	0.67
安徽	6	1	6	1	0.10	1		1	1	0.04
福建						0		0		
江西						92	2	92	91	0.45
山东	65	10	70	63	2.13	11	3	13	10	0.33
河南	6		5	4	0.09	63	10	70	60	1.53
湖北	15	6	21	19	1.83	2		2	2	0.11
湖南							1	1	1	0.04
广东						6		6	6	0.21
广西						4	1	4	2	0.01
海南										
重庆						1		1		
四川	4		4	4	0.12	2		2	2	0.06
贵州						7		6	5	0.10
云南	6		6	1	0.08		2	2	2	0.10
西藏										
陕西										
甘肃	4		2	1	0.01	1		1		
青海										
宁夏	1		1	1	0.04	20		20	5	…
新疆										

注：年末累计减年初数减本年新增为本年报废处。

各地区秸秆优质化能源利用情况（二）

单位：处、吨

地区	秸秆固化成型				秸秆炭化			
	年初数	本年新增	年末累计	年产量	年初数	本年新增	年末累计	年产量
全国总计	**757**	**170**	**895**	**3 820 473**	**73**	**34**	**102**	**252 549**
北　京	23		21	89 900				
天　津	4	1	5	4 900	1	3	4	39
河　北	144	12	149	137 210	4		4	11180
山　西	16		16	7 300				
内蒙古	1		1	2 000				
辽　宁	83	28	108	407 212	1		1	1200
吉　林	3		3					
黑龙江	128	1	129	68 236	2		2	
上　海	1		1					
江　苏	187	86	264	1 271337	2	1	3	5 500
浙　江	12	6	17	72 300	8	1	7	16 140
安　徽	19	11	28	213 750	2	3	4	14 020
福　建								
江　西								
山　东	94	17	106	987 760	3	7	9	10 420
河　南	18	1	19	237 080	4		4	38 640
湖　北	16	2	17	295 760	22	19	40	43 940
湖　南	2		1	11 000	21		21	110 290
广　东								
广　西								
海　南								
重　庆					1		1	1 000
四　川	4	2	5	11 198				
贵　州								
云　南	1		1	250	2		2	180
西　藏								
陕　西		1	1	3 000				
甘　肃	1	2	3	280				
青　海								
宁　夏								
新　疆								

各地区小型电源利用情况（一）

地区	小型光伏发电					
	年初数		本年新增		年末累计	
	数量（处）	装机容量（千瓦）	数量（处）	装机容量（千瓦）	数量（处）	装机容量（千瓦）
全国总计	**277 173**	**13 562**	**16 162**	**3 202**	**283 896**	**16 324**
北京	164 510	6031	6 000	2 027	162 673	7 769
天津						
河北	13 054	837	850	42	13 897	878
山西						
内蒙古	3 820	641	1 143	268	4 963	910
辽宁	36 604	2 466	6 891	157	42 235	2 585
吉林						
黑龙江	882	35			882	35
上海						
江苏	604	92	300	12	904	104
浙江	395	159	38	79	418	234
安徽	119	150	148	406	257	523
福建						
江西	3	60			3	60
山东	900	39	496	31	1 396	69
河南	119	10			119	10
湖北						
湖南	1 377	805	40	94	1 390	886
广东	3	186			3	186
广西						
海南	40	66			32	53
重庆						
四川						
贵州						
云南	124	19	1	36	125	55
西藏						
陕西						
甘肃	6 361	253	109	44	6 221	251
青海	45 466	725			45 466	725
宁夏	413	937	121	4	514	940
新疆	2 379	51	25	2	2 398	53

注：年末累计减年初数减本年新增为本年报废处。

各地区小型电源利用情况（二）

地区	小型风力发电					
	年初数		本年新增		年末累计	
	数量（处）	装机容量（千瓦）	数量（处）	装机容量（千瓦）	数量（处）	装机容量（千瓦）
全国总计	**112 602**	**35 268**	**2 766**	**1 356**	**114 119**	**34 318**
北　京	10	10			10	10
天　津						
河　北	261	73			220	70
山　西	3	6			3	6
内蒙古	86 594	24 195	2 268	674	88 475	24 844
辽　宁	53	241			53	241
吉　林	293	32			265	29
黑龙江	2 076	1 802	35	415	1 887	2 006
上　海						
江　苏	4 132	2 537	307	54	4 242	605
浙　江	116	445	15	140	131	585
安　徽	823	164			680	122
福　建	383	546			383	546
江　西	28	25			28	25
山　东	3 414	1 042	102	37	3 323	1 060
河　南	96	11			81	9
湖　北	1 440	270			1 440	270
湖　南	14	2			14	2
广　东	50	99	23	11	73	110
广　西	1 124	117	3	1	1 127	118
海　南	63	76	3	4	59	71
重　庆						
四　川						
贵　州	49	6			49	6
云　南	97	72			97	72
西　藏						
陕　西	80	9			80	9
甘　肃	1 704	503			1 701	503
青　海	1 308	131			1 308	131
宁　夏	2 098	282	10	20	2 097	295
新　疆	6 293	2 573			6 293	2 573

各地区小型电源利用情况（三）

地区	微型水力发电					
	年初数		本年新增		年末累计	
	数量（处）	装机容量（千瓦）	数量（处）	装机容量（千瓦）	数量（处）	装机容量（千瓦）
全国总计	**36 570**	**105 848**	**217**	**3 580**	**33 761**	**100 577**
北　京						
天　津						
河　北						
山　西	3	18			3	18
内蒙古						
辽　宁						
吉　林						
黑龙江						
上　海						
江　苏						
浙　江	215	263	1	13	216	276
安　徽	14	43			12	35
福　建	274	1 989			271	1 976
江　西	6 453	11 629	7	16	5 729	10 203
山　东	11	67			11	67
河　南	21	246			21	246
湖　北	40	209			23	119
湖　南	1 878	4 940	50	3 019	1 702	7 607
广　东	2 724	21 216	2	350	2 605	20 936
广　西	13 610	22 222			12 699	19 526
海　南	21	204	1	10	19	185
重　庆	85	414			82	391
四　川	97	4 697	15	49	93	3 108
贵　州	2 596	5 370			2 596	5 370
云　南	7 713	16 780	140	114	6 865	14 984
西　藏						
陕　西	83	4 830			83	4 830
甘　肃	230	1 928	1	10	229	1 918
青　海	290	8 780			290	8 780
宁　夏						
新　疆	212	3			212	3

十、农村经营管理情况

全国农村土地承包经营及管理情况

单位：公顷、户、份、个、件

项　　目	数　　量	比上年增减（%）
耕地承包情况		
家庭承包经营的耕地面积	87 363 366	2.6
家庭承包经营的农户数	229 755 106	0.4
家庭承包合同份数	221 921 217	0.1
颁发土地承包经营权证份数	208 549 206	0.2
家庭承包耕地流转情况		
家庭承包耕地流转总面积	18 555 605	22.1
按流转形式划分		
转包	9 152 532	18.0
转让	733 228	9.0
互换	1 200 363	23.2
出租	5 355 184	30.2
股份合作	1 093 758	29.1
其他形式	1 020 540	23.0
按流转去向划分		
流转入农户的面积	12 004 175	16.8
流转入专业合作社的面积	2 940 290	44.4
流转入企业的面积	1 704 207	34.0
流转入其他主体的面积	1 906 934	18.5
流转用于种植粮食作物的面积	10 389 957	24.9
流转出承包耕地的农户数	44 388 772	14.5
签订耕地流转合同份数	31 071 698	23.3
签订流转合同的耕地流转面积	12 093 120	30.2
仲裁机构队伍情况		
仲裁委员会数	2 259	22.2
县级仲裁委员会数	2 055	27.8
仲裁委员会人员数	30 727	55.4
农民委员人数	6 722	74.9
聘任仲裁员数	20 776	75.3
仲裁委员会日常工作机构人数	10 935	40.7
专职人员数	4 616	37.2

全国村集体经济组织收益情况

单位：万元、万个

项　目	数　量	比上年增减（%）
总收入	**35 760 206.7**	**6.3**
经营收入	13 665 155.7	4.3
发包及上交收入	7 002 601.5	3.8
投资收益	983 730.8	4.9
补助收入	5 903 043.8	16.5
其他收入	8 205 674.9	5.3
总支出	**24 668 403.4**	**5.9**
经营支出	9 109 470.7	1.1
管理费用	7 015 491.5	8.3
干部报酬	2 513 227.4	10.7
报刊费	143 650.1	2.3
其他支出	8 543 441.2	9.3
本年收益	**11 091 803.3**	**7.2**
汇入本表村数	**58.9**	**-0.1**
当年无经营收益的村	31.1	0.3
当年有经营收益的村	27.8	-0.4
5 万元以下的村	15.1	-5.3
5 万~10 万元的村	5.2	5.0
10 万~50 万元的村	4.8	6.0
50 万~100 万元的村	1.2	8.9
100 万元以上的村	1.5	7.7

全国村集体经济组织资产负债情况

单位：万元

项　　目	数　　量	比上年增减（%）
流动资产合计	**92 883 409.4**	**7.2**
货币资金	39 465 708.4	5.3
短期投资	4 091 635.4	16.2
应收款项	47 678 756.2	9.1
存货	1 647 309.4	-16.3
农业资产合计	**2 710 856.7**	**3.7**
牲畜（禽）资产	503 418.1	-10.5
林木资产	2 207 438.7	7.6
长期资产合计	**122 268 686.3**	**8.2**
长期投资	14 933 543.2	10.4
固定资产合计	102 715 514.0	8.1
固定资产净值	74 429 746.3	9.1
固定资产清理	821 443.1	15.3
在建工程	27 464 324.7	5.3
其他资产	4 619 629.1	2.4
资产总计	**217 862 952.4**	**7.7**
流动负债合计	**73 456 713.1**	**5.4**
短期借款	10 085 511.7	-14.1
应付款项	61 473 546.0	9.6
应付工资	1 027 617.6	5.1
应付福利费	870 037.8	2.8
长期负债合计	**13 767 728.6**	**11.2**
长期借款及应付款	13 020 901.7	9.6
一事一议资金	746 826.9	48.8
所有者权益合计	130 638 510.8	8.6
资本	37 067 178.8	8.0
公积公益金	90 219 804.2	8.7
未分配收益	3 351 527.8	13.6
负债及所有者权益合计	**217 862 952.4**	**7.7**

全国农民负担情况

单位：万元

项　　目	数　　量	比上年增减（%）
上交集体款项	**2 174 604.6**	**2.8**
一事一议筹资	986 207.7	4.2
土地承包金	996 458.3	3.2
共同生产费	65 088.1	-0.9
建房收费	33 033.9	-9.2
其他款项	93 816.6	-7.5
社会负担	**1 504 248.7**	**6.9**
罚款	33 863.2	57.7
集资摊派	14 274.9	-14.9
道路集资摊派	9 747.6	-3.8
水利集资摊派	2 163.1	-26.6
办电集资摊派	551.9	-37.2
其他集资摊派	1 812.4	-35.9
行政事业性收费	1 456 110.5	6.3
农民建房收费	78 371.3	-8.1
外出务工经商收费	77 407.3	-5.9
农机、摩托车、三轮车和低速载货汽车收费	293 436.9	-7.1
计划生育收费	942 340.6	14.5
其他收费	64 554.5	2.0
村民筹资和以资代劳	**1 652 513.3**	**2.2**
以资代劳	666 305.6	-0.7
一事一议筹劳（万个）	**144 079.8**	**23.6**

十一、农业自然灾害

各地区农业自然灾害情况（一）

单位：千公顷

地　　区	总　计			旱　灾			洪涝灾		
	受　灾	成　灾	绝　收	受　灾	成　灾	绝　收	受　灾	成　灾	绝　收
全国总计	**24 962**	**11 475**	**1 826**	**9 340**	**3 509**	**374**	**7 730**	**4 145**	**889**
北　　京	71	47	6				58	38	5
天　　津	134	83	14				118	83	14
河　　北	1 329	753	123	430	213	25	358	251	49
山　　西	931	475	70	404	101	5	261	192	48
内 蒙 古	2 061	1 362	378	454	189	11	966	769	284
辽　　宁	355	283	27				18	3	1
吉　　林	633	218	16	304	166	9	70	8	3
黑 龙 江	2 429	829	135	1 200	416	63	350	2	33
上　　海	15	8	2						
江　　苏	698	370	43	367	222	9	157	53	28
浙　　江	554	253	42				145	60	9
安　　徽	1 153	556	59	616	276	22	290	171	17
福　　建	159	87	11				82	43	8
江　　西	674	398	48				343	275	33
山　　东	1 823	572	90	673	176	7	342	85	…
河　　南	1 389	326	23	1 002	163	3	359	150	19
湖　　北	1 719	766	112	939	383	40	631	333	63
湖　　南	1 234	633	66				756	539	55
广　　东	417	196	22				73	31	3
广　　西	575	305	23	77	41	3	150	75	16
海　　南	61	39	12				1	1	…
重　　庆	405	224	45	62	28	1	329	187	43
四　　川	944	398	48	222	125	17	644	235	25
贵　　州	542	221	43	133	41	2	301	153	31
云　　南	1 578	581	142	1 073	435	107	374	106	23
西　　藏	14	7	3				7	4	1
陕　　西	509	188	40	228	68	7	209	89	28
甘　　肃	1 017	489	70	498	182	16	195	143	34
青　　海	155	87	8	33	19	1	36	16	2
宁　　夏	260	103	10	104	47		61	32	5
新　　疆	1 126	619	97	522	218	28	45	21	9

各地区农业自然灾害情况（二）

单位：千公顷

地区	风雹灾			冷冻灾			台风灾		
	受灾	成灾	绝收	受灾	成灾	绝收	受灾	成灾	绝收
全国总计	**2 781**	**1 368**	**213**	**1 618**	**795**	**143**	**3 491**	**1 658**	**206**
北京	13	10	1						
天津	16								
河北	269	124	12	254	157	37	17	9	
山西	123	82	12	142	101	5			
内蒙古	244	192	21	398	212	63			
辽宁	32	22					305	257	26
吉林	52	34	4	7	2		200	8	
黑龙江	187	95	38				693	316	
上海							15	8	2
江苏	34	13					140	83	6
浙江	1			30	12	1	378	181	32
安徽	22	13	1	1	1		223	95	20
福建	17	13		1			59	31	4
江西	84	39	2	141	37	8	106	48	4
山东	215	48	7				592	262	75
河南	20	13	1				8		
湖北	38	25	5	74	25	4	36	1	
湖南	336	53	9	140	41	1	2		
广东	29	18					315	148	19
广西	7	5	1	1	1		340	183	4
海南	13	8					46	30	12
重庆	15	9	1						
四川	47	27	6	30	11				
贵州	88	24	10	20	3				
云南	73	31	8	40	9	1	17		3
西藏	7	3	1	1					
陕西	63	27	5	9	3	1			
甘肃	220	106	17	103	58	3			
青海	49	28	5	36	24				
宁夏	36	20	5	60	4				
新疆	432	285	42	127	95	18			

各地区农作物病虫草鼠害发生、防治面积及损失情况（一）

地区	发生面积（千公顷次）	防治面积（千公顷次）	挽回损失（吨）			
			粮食	棉花	油料	其他
全国总计	**507 524**	**605 038**	**110 525 045**	**1 831 937**	**3 554 216**	**8 739 323**
北京	1 316	1 416	192 741		1 705	400
天津	1 797	1 792	161 866	15 349	216	
河北	40 413	37 780	4 247 712	373 256	135 887	67 831
山西	12 480	11 440	1 420 891	15 395	6 208	2 104
内蒙古	13 703	13 583	4 911 771		95 469	84 686
辽宁	13 030	13 399	3 212 278	108	112 199	5 578
吉林	12 868	15 551	5 871 592	10	11 965	12 258
黑龙江	26 203	26 741	6 375 575		8 336	65 542
上海	2 394	3 643	556 180		3 962	2 586
江苏	35 368	64 451	12 364 032	42 480	198 491	27 772
浙江	13 384	19 442	3 014 203	6 153	62 454	110 180
安徽	27 067	34 601	6 800 646	67 066	238 156	73 795
福建	5 334	7 017	989 061		33 101	53 254
江西	15 394	24 623	6 029 041	23 942	26 366	
山东	47 753	50 533	9 183 694	284 944	529 647	12 915
河南	47 477	50 983	8 426 439	103 874	540 036	23 789
湖北	24 016	34 392	5 327 367	185 265	438 797	81 060
湖南	42 403	51 558	8 148 605	83 169	286 526	114 073
广东	22 072	28 797	4 673 564		191 859	849 324
广西	18 522	18 916	3 918 540		54 646	5 788 560
海南	1 942	1 969	321 434		5 791	135 063
重庆	6 737	6 029	1 640 758		39 603	37 880
四川	17 412	23 091	4 487 282	2 117	230 342	108 035
贵州	6 353	5 614	1 192 665		43 369	42 047
云南	10 261	15 466	1 888 337	10	82 728	635 997
西藏	268	249	130 072		4 824	
陕西	16 778	17 298	1 757 084	15 646	39 974	23 970
甘肃	10 551	10 591	1 357 751	15 935	34 350	39 342
青海	1 129	1 105	97 587		36 187	6 947
宁夏	3 029	3 121	909 452		15 351	23 882
新疆	8 070	7 347	834 510	237 379	43 064	273 439

各地区农作物病虫草鼠害发生、防治面积及损失情况（二）

地区	实际损失（吨）			
	粮食	棉花	油料	其他
全国总计	**22 511 227**	**470 188**	**918 928**	**1 782 841**
北京	28 165		513	40
天津	47 235	4 815	70	…
河北	820 945	97 530	33 376	15 486
山西	356 237	3 043	2 724	508
内蒙古	1 055 452		57 703	16 053
辽宁	1 018 686	43	24 153	4 062
吉林	1 364 260	12	3 161	724
黑龙江	2 359 707		4 097	14 980
上海	33 346		1 235	113
江苏	1 253 667	6 689	46 355	1 525
浙江	218 602	772	10 498	11 749
安徽	1 584 312	18 456	64 696	9 106
福建	155 803		5 309	11 573
江西	633 669	8 211	7 679	…
山东	1 827 678	44 378	108 762	1 932
河南	2 759 312	21 828	151 449	2 674
湖北	795 896	45 175	108 607	15 794
湖南	889 223	16 244	66 771	11 375
广东	879 071		38 883	89 689
广西	408 231		9 073	997 716
海南	152 509		2 495	213 312
重庆	415 248		13 851	8 576
四川	627 490	382	42 917	16 275
贵州	505 573		25 955	9 783
云南	430 830	3	16 926	177 996
西藏	43 390		1 683	
陕西	700 776	3 341	14 794	6 747
甘肃	474 268	2 812	11 043	12 785
青海	51 844		20 248	2 107
宁夏	259 452		7 268	9 382
新疆	345 266	141 718	15 913	107 721

各地区农作物病虫害发生、防治面积及损失情况（一）

地　区	发生面积（千公顷次）	防治面积（千公顷次）	挽回损失（吨）			
			粮　食	棉　花	油　料	其　他
全国总计	**384 621**	**481 687**	**81 618 675**	**1 570 021**	**2 478 891**	**6 556 170**
北　京	946	1 043	116 446		1 255	400
天　津	1 231	1 221	80 377	12 058	197	
河　北	32 289	30 494	2 742 280	329 663	92 515	43 377
山　西	9 954	9 084	1 061 092	14 546	4 035	1 447
内蒙古	8 324	8 678	3 912 199		44 677	65 668
辽　宁	10 353	9 996	2 483 133	108	95 567	4 811
吉　林	7 494	9 856	3 422 937	10	5 534	4 885
黑龙江	16 838	17 421	2 777 239		3 771	55 294
上　海	2 142	3 275	324 498		958	
江　苏	29 512	57 713	9 821 339	36 253	122 122	4 436
浙　江	11 218	16 658	2 366 185	5 678	41 218	95 927
安　徽	20 622	27 779	4 809 177	45 356	118 606	21 810
福　建	3 965	5 515	750 904		17 228	44 483
江　西	11 580	21 919	5 777 713	22 116	17 515	
山　东	37 206	40 445	6 378 000	227 106	438 475	11 046
河　南	38 775	42 753	7 027 955	94 574	413 244	5 932
湖　北	19 433	29 271	4 471 109	158 709	294 245	33 283
湖　南	33 623	42 597	6 847 393	71 582	211 245	76 028
广　东	16 505	22 026	3 408 326		146 326	799 483
广　西	12 719	13 608	2 277 106		31 954	4 216 204
海　南	1 420	1 461	168 513		3 943	132 781
重　庆	4 879	4 673	1 371 840		26 680	34 179
四　川	10 969	16 391	3 376 150	1 822	130 461	82 230
贵　州	4 671	4 130	1 029 911		33 827	38 736
云　南	6 960	11 259	1 357 474	9	70 641	513 897
西　藏	268	249	130 072		4 824	
陕　西	13 063	14 062	1 157 871	14 493	27 711	18 625
甘　肃	7 699	8 058	1 100 329	12 657	25 834	17 029
青　海	657	628	48 971		24 144	4 418
宁　夏	2 238	2 425	578 879		10 613	19 738
新　疆	5 528	4 994	399 460	207 303	18 336	184 748

各地区农作物病虫害发生、防治面积及损失情况（二）

地 区	实际损失（吨）			
	粮 食	棉 花	油 料	其 他
全国总计	**17 172 212**	**417 538**	**725 220**	**1 524 926**
北 京	16 572		454	40
天 津	32 613	4 261	65	
河 北	624 193	91 840	29 052	11 231
山 西	274 304	2 863	1 849	299
内蒙古	827 580		43 858	11 163
辽 宁	831 121	43	21 245	3 276
吉 林	873 180	12	1 799	541
黑龙江	1 574 544		3 418	11 683
上 海	21 623		991	
江 苏	1 094 542	5 859	38 399	562
浙 江	166 524	722	7 829	10 372
安 徽	1 222 685	13 156	45 487	3 832
福 建	122 209		3 406	10 207
江 西	481 498	7 547	2 928	
山 东	1 261 029	34 971	90 325	1 558
河 南	2 494 241	19 358	126 329	1 038
湖 北	679 731	40 370	86 442	9 661
湖 南	738 148	13 979	55 626	5 419
广 东	627 726		31 668	84 922
广 西	245 276		6 289	869 883
海 南	84 881		2 212	212 644
重 庆	278 799		9 106	6 844
四 川	409 168	309	24 639	10 604
贵 州	441 086		20 822	7 489
云 南	317 747	3	14 645	154 437
西 藏	43 390		1 683	
陕 西	498 542	3 083	12 322	4 434
甘 肃	401 620	2 481	8 704	5 675
青 海	35 390		16 267	1 102
宁 夏	198 205		5 485	7 244
新 疆	244 640	124 467	11 246	69 651

各地区农田草害发生、防治面积及损失情况（一）

地区	发生面积（千公顷次）	防治面积（千公顷次）	挽回损失（吨）			
			粮食	棉花	油料	其他
全国总计	**94 219**	**100 500**	**23 105 147**	**261 916**	**1 075 325**	**2 183 153**
北京	195	177	49 007		451	
天津	379	455	53 490	3 291	18	
河北	6 589	6 515	1 382 160	43 593	43 373	24 453
山西	1 945	1 946	253 136	849	2 173	657
内蒙古	4 515	4 347	917 885		50 793	19 018
辽宁	1 670	2 550	578 172		16 632	767
吉林	3 009	4 000	1 814 666		6 431	7 373
黑龙江	6 365	7 920	3 339 817		4 565	10 248
上海	175	302	228 557		3 004	2 586
江苏	5 211	6 268	2 501 445	6 226	76 369	23 336
浙江	1 744	2 299	491 428	476	21 236	14 252
安徽	5 719	6 340	1 879 691	21 710	119 550	51 986
福建	966	1 127	153 181		15 873	8 771
江西	2 285	2 125	26 548	1 826	8 850	
山东	9 186	8 886	2 483 169	57 838	91 172	1 869
河南	8 090	7 740	1 340 736	9 301	126 792	17 857
湖北	3 829	4 455	770 322	26 556	144 552	47 778
湖南	6 669	6 885	990 300	11 587	75 281	38 045
广东	3 418	4 114	542 428		45 533	49 841
广西	4 035	3 722	513 544		22 692	1 572 356
海南	297	302	83 250		1 848	2 283
重庆	1 153	934	145 491		12 923	3 701
四川	4 552	4 795	739 148	295	99 881	25 805
贵州	1 184	1 044	95 268		9 542	3 311
云南	2 494	2 995	355 342	1	12 088	122 101
西藏						
陕西	2 882	2 654	392 397	1 152	12 263	5 345
甘肃	2 155	1 956	192 851	3 277	8 516	22 312
青海	294	347	32 435		12 043	2 529
宁夏	720	671	323 274		4 738	4 144
新疆	2 169	2 191	408 656	30 076	24 728	88 691

各地区农田草害发生、防治面积及损失情况（二）

地　区	实际损失（吨）			
	粮　食	棉　花	油　料	其　他
全国总计	**3 362 599**	**52 651**	**193 708**	**257 915**
北　京	4 708		59	
天　津	7 122	555	5	
河　北	158 307	5 690	4 324	4 255
山　西	44 080	179	876	209
内蒙古	201 307		13 845	4 890
辽　宁	110 267		2 907	786
吉　林	171 619		1 362	183
黑龙江	500 577		680	3 298
上　海	11 452		244	113
江　苏	145 181	830	7 956	963
浙　江	30 056	50	2 669	1 377
安　徽	323 870	5 300	19 209	5 274
福　建	15 719		1 902	1 366
江　西	2 490	664	4 752	
山　东	452 875	9 407	18 437	375
河　南	245 039	2 470	25 120	1 636
湖　北	87 410	4 805	22 165	6 133
湖　南	112 096	2 265	11 145	5 957
广　东	73 996		7 215	4 767
广　西	44 841		2 784	127 833
海　南	24 928		283	669
重　庆	42 380		4 745	1 733
四　川	146 736	72	18 278	5 671
贵　州	33 404		5 132	2 294
云　南	78 813	…	2 282	23 558
西　藏				
陕　西	99 781	258	2 472	2 313
甘　肃	48 943	331	2 340	7 110
青　海	10 054		3 981	1 005
宁　夏	58 145		1 783	2 138
新　疆	72 960	17 251	4 667	38 069

各地区农田鼠害发生、防治面积及损失情况

地区	发生面积（千公顷次）	防治面积（千公顷次）	挽回损失（吨）	实际损失（吨）
全国总计	**25 038**	**19 621**	**5 065 248**	**1 795 955**
北京	175	195	27 288	6 815
天津	133	80	27 999	7 500
河北	1 204	571	93 069	34 377
山西	564	379	87 809	32 381
内蒙古	864	558	81 687	26 565
辽宁	996	847	150 316	76 897
吉林	2 365	1 695	633 989	319 460
黑龙江	3 000	1 400	258 520	284 585
上海	77	66	3 125	272
江苏	502	384	33 899	12 780
浙江	419	471	71 592	6 262
安徽	629	408	88 228	32 551
福建	330	309	73 370	14 388
江西	1 500	540	224 500	149 601
山东	724	649	169 689	57 623
河南	229	196	17 323	6 090
湖北	725	638	82 756	27 916
湖南	1 846	1 863	270 411	32 379
广东	1 550	1 897	578 311	158 521
广西	1 386	1 228	1 033 109	105 227
海南	130	114	39 732	28 740
重庆	672	406	117 338	92 386
四川	1 695	1 729	351 807	66 115
贵州	489	432	66 891	30 968
云南	729	1 110	163 258	31 194
西藏				
陕西	759	526	196 117	92 062
甘肃	690	575	64 197	23 545
青海	178	130	16 101	6 381
宁夏	71	25	7 299	3 102
新疆	332	158	26 338	27 523